国家自然科学基金面上项目"双循环格局下突破性技术创新的要素配置机制"成果（批准号：72174176）

国有企业知识员工：
态度、激励与创新

高小丽 著

中国财经出版传媒集团

中国财政经济出版社

图书在版编目（CIP）数据

国有企业知识员工：态度、激励与创新／高小丽著.
－－北京：中国财政经济出版社，2022.5
ISBN 978－7－5223－1285－9

Ⅰ.①国… Ⅱ.①高… Ⅲ.①国有企业－人力资源管理－研究－中国 Ⅳ.①F279.241

中国版本图书馆CIP数据核字（2022）第050222号

责任编辑：牛婧丽　　　　　　责任校对：徐艳丽
封面设计：孙俪铭　　　　　　责任印制：张　健

中国财政经济出版社 出版

URL：http：//www.cfeph.cn
E－mail：cfeph@cfeph.cn

（版权所有　翻印必究）

社址：北京市海淀区阜成路甲28号　邮政编码：100142
营销中心电话：010－88191522
天猫网店：中国财政经济出版社旗舰店
网址：https：//zgczjjcbs.tmall.com
北京财经印刷厂印刷　各地新华书店经销
成品尺寸：170mm×240mm　16开　11.25印张　157 000字
2022年5月第1版　2022年5月北京第1次印刷
定价：46.00元
ISBN 978－7－5223－1285－9
（图书出现印装问题，本社负责调换，电话：010－88190548）
本社质量投诉电话：010－88190744
打击盗版举报热线：010－88191661　　QQ：2242791300

前　言

新一轮科技革命背景下，科学技术发展已经成为世界各国推动社会经济全面发展的核心动力。中国对科学技术发展的重视程度也提高到了战略高度，"创新型国家"建设将成为未来较长一段时间里我国社会经济建设的主要任务。国有企业在中国社会经济体系中的地位无可替代，对"创新型国家"建设责无旁贷，在当前复杂的发展环境下，国有企业发展面临挑战。2008年金融危机以后全球经济出现恶化趋势，严重影响国有企业的经营业绩。《中国统计年鉴》显示，2008—2019年，全年社会消费品零售总额每年均有增长，但增长比例却逐年下降；全年货物进出口总额与增长比例波动明显，呈现负增长状态；出口额、进口额均有增加，但增长比例有增有降。整体而言，2008—2011年，进出口贸易仍是逆差，虽然2012年以后进出口贸易呈现了顺差，出口形势有所回暖，但能否持续扩大出口仍具有很大的挑战。国内市场消费能力扩大也需要一个过程，这将使国有企业面临一系列困难和挑战。同时，国有企业也面临着创新瓶颈。大数据哺育人工智能，人工智能激发人机协同，人机协同驱动创新发展。IBM的研究称，在整个人类文明所积累的数据中，90%是最近几年内产生的。大数据为人类获得更为深刻、更为全面的洞察能力提供了前所未有的空间和潜力，同时也对人机协同的数据驾驭能力提出了严峻挑战，而智能制造则是人类驾驭大数据能力的试金石。我国国有企业，尤其是制造类国有企业如何对不同产品、不同产品生命周期阶段的研发设计数据、生产制造数据、经营管理数据、市场营销数据、供应链数据、售后服务数据、产品回收数据等海量数据加以整合利用，增强人机系统创造价值的能力，争夺未来全球智能制造生态系统的主导权，已经成为攸关国家发展的重大战略议题。

知识员工创新能力的发挥对国有企业社会创新责任的承担至关重要。中国及国有企业若要在创新能力尤其是先进科学技术创新上实现突破，必须要充分调动国有企业知识员工的创新积极性。知识员工是现代企业谋求生存与发展的重要资源和主导力量，根据"二八定律"，企业人力资源中，80%的一般员工是多数，但作用却是次要的，而只占20%的关键岗位的员工却对企业核心竞争能力起着至关重要的作用。这20%的关键岗位绝大部分是由学历较高、专业知识扎实、经验丰富的知识员工占据，包括技术研发部门员工、决策人员、中高层管理者等。所以在激烈竞争环境下的现代企业中，知识员工的重要性不言而喻。我国是公有制经济占主导地位的社会主义市场经济体制国家，目前我国拥有1400多家国有及国有控股集团，占我国经济体量的大部分，其在资产、营业收入、利润、员工、研发经费等方面分别占我国所有类型企业的50.8%、85.8%、79.6%、84.4%、79.5%。在我国企业500强中，国有及国有控股企业占74%，资产占96.9%，利润占84%，营业收入占86%。并且国有企业多集中于关乎国计民生的支柱型产业，诸如航空航天、国防军工、钢铁冶炼、石油电力、交通运输、高新技术等。因而，国有企业知识员工的创新能力和创新绩效对于"创新型国家"的建设起到了无可替代的作用。而知识员工创新能力的发挥，一方面是由其个人主观态度（工作态度）所决定，另一方面则受到外部激励的影响。所以，从国有企业知识员工角度出发，探讨工作态度和激励政策与创新绩效之间的关系，进而有针对性地制定相关对策，对于充分调动国有企业知识员工的创新积极性、提升其创新绩效、助推"创新型国家"建设目标的实现意义重大。

目 录

第1章 国有企业知识员工 ……………………………………… (1)
    引例 ……………………………………………………………… (1)
    1.1 国有企业 ……………………………………………………… (3)
    1.2 知识员工 ……………………………………………………… (9)
    拓展阅读 ………………………………………………………… (14)

第2章 员工工作态度 ……………………………………………… (16)
    引例 ……………………………………………………………… (16)
    2.1 态度理论 ……………………………………………………… (17)
    2.2 工作态度内涵 ………………………………………………… (19)
    2.3 工作态度测评 ………………………………………………… (22)
    2.4 工作态度的影响因素 ………………………………………… (23)
    拓展阅读 ………………………………………………………… (27)

第3章 国有企业知识员工创新 ………………………………… (28)
    引例 ……………………………………………………………… (28)
    3.1 理论基础 ……………………………………………………… (29)
    3.2 国有企业知识员工创新绩效评价框架与方法 ……………… (35)
    3.3 国有企业知识员工创新绩效评价 …………………………… (38)
    拓展阅读 ………………………………………………………… (42)

第4章 国有企业知识员工工作态度与创新 …………………… (43)
    引例 ……………………………………………………………… (43)
    4.1 国有企业知识员工工作态度与创新关系机制 ……………… (44)
    4.2 国有企业知识员工工作态度与创新绩效关系实证 ………… (50)

4.3 工作态度视角下国有企业知识员工创新效率提升措施 ……………………………………………………………（ 58 ）

拓展阅读 ………………………………………………（ 63 ）

第 5 章　国有企业知识员工创新激励 ………………………（ 67 ）
引例 ……………………………………………………（ 67 ）
5.1　国有企业知识员工创新激励逻辑 …………………（ 68 ）
5.2　国有企业知识员工创新激励类型 …………………（ 73 ）
5.3　国有企业知识员工创新激励的纵向维度 …………（ 76 ）
5.4　国有企业知识员工创新激励的横向维度 …………（ 82 ）
5.5　国有企业知识员工创新激励特征 …………………（ 87 ）
拓展阅读 ………………………………………………（ 90 ）

第 6 章　国有企业知识员工激励与创新 ……………………（ 92 ）
引例 ……………………………………………………（ 92 ）
6.1　国有企业知识员工激励对创新绩效的整体作用机制 ……（ 93 ）
6.2　纵向维度下的激励机制 ……………………………（ 96 ）
6.3　横向维度下的激励机制 ……………………………（102）
6.4　国有企业知识员工激励对创新绩效影响的实证 …（112）
6.5　国有企业知识员工创新激励优化 …………………（125）
拓展阅读 ………………………………………………（134）

第 7 章　问卷设计与调研 ……………………………………（136）
引例 ……………………………………………………（136）
7.1　问卷设计原则 ………………………………………（137）
7.2　问卷设计与预调研 …………………………………（138）
7.3　正式问卷调研与数据采集 …………………………（152）
拓展阅读 ………………………………………………（155）
附件　正式问卷调查表 ………………………………（156）

参考文献 ………………………………………………………（163）

第1章

国有企业知识员工

企业最大的资产是人。

——［日］松下幸之助

人才是利润最高的商品,能够经营好人才的企业才是最终的大赢家。

——柳传志

把我们顶尖的20个人才挖走,那么我告诉你,微软会变成一家无足轻重的公司。

——［美］比尔·盖茨

引 例

安徽省城建设计研究总院股份有限公司(以下简称安徽省城建设计院)是一家成立于1952年的综合性勘察设计国有企业,其主营业务包括市政基础建设、环境工程、风景园林规划等相关建设工作的设计、规划、科研、推广等。1999年安徽省城建设计院通过ISO 9000质量管理体系认证,2010年通过质量、环境、职业健康安全三体系认证,并且自2000年起连续多年被安徽省工商行政管理局评为"守合同、重信用"单位,2012年荣获"安徽省卓越绩效奖"。

在安徽省城建设计院近70年的发展历史中,良好的人力资源一直是其不断发展的重要基础，同时也是其经营管理中的重要内容。截至 2020 年年底，安徽省城建设计院拥有各类员工 1000 余人，员工的年龄结构和职称结构均比较合理，各年龄段员工比例与各岗位特点及发展需要相匹配，既有经验丰富、技能娴熟的老员工，又有理论基础扎实、学习能力强的青年员工。每年都会在严格的筛选程序下从国内外知名高校中招聘一定量的高学历、高素质的优秀毕业生补充到各岗位中，并且还设有博士后科研工作站，以满足企业发展过程中对"高精尖"技术研发的需要①。

科研和创新是安徽省城建设计院参与市场竞争、不断发展的重要手段，其员工普遍拥有较高的综合素质，与制造加工类企业相比，其员工特点明显：

（1）专业技能和个人素质突出。安徽省城建设计院各类岗位的员工，尤其是设计岗位和科研岗位的员工，均是接受过高质量专业教育的高学历层次员工，他们都熟练掌握着岗位所需要的各种专业理论知识和技术。此外，安徽省城建设计院的员工大多具有较高的个人综合素质，他们眼界宽、知识面广、学习能力强，不但能很好地完成各种日常工作，还表现出较强的创新性。

（2）高层次的需求。安徽省城建设计院员工的整体受教育程度、技术层次较高，他们对工作及职业的认识和理解更深入、透彻，职业的表现欲望更强、奋斗目标更明确，个人需求更倾向于职业成就和精神满足，而不是单纯的物质财富。

（3）追求自主和创新。不断创新技术和产品是安徽省城建设计院员工的主要工作内容，再加之较高的文化水平和学历层次，使得他们对工作的自主性和创新性要求更高。他们所从事的工作并不是机械性、重复性的工作，而是需要在复杂多变的环境下不断审视市场需求，不断开发、创新出符合市场需求变化趋势的技术，这就需要员工有足够的自主支配时间以调研市场、独立思考，所以工作的自主性是安徽省城建设计院员工的普遍追求，这也是他们追求创新、实现创新的重要要求。

---

① 数据收集整理自安徽省城建设计院官网（http://www.aucdi.com/main.jsp）。

1.1 国有企业

1.1.1 国有企业概念

根据《中华人民共和国企业法人登记管理条例》对国有企业的规定：政府是国有企业出资人或最大出资人，拥有出资的最终所有权；企业是企业财产的法定代表，拥有支配和经营权，依法自主经营、自负盈亏、独立核算、自我发展和自我约束。所以简单地说，国有企业就是国家拥有全部或绝大部分资产所有权的一种企业，国家或政府是其经营管理的最终决策人。一般来说我国国有企业的体量都比较大，掌握着社会经济的重要资源领域及基础领域。一般概念下的非国有企业的根本运营方向是业务经营以获取最大化利润为根本目的。现阶段我国国有企业逐渐向市场化迈进，拥有非国有企业的获利属性，但同时还承担着部分社会职能，比如带动就业、推动社会创新、实施社会救助等社会公共服务职能。并且在浓厚的行政命令色彩下，国有企业还充当着国家公共管理和服务政策的重要执行人。因为国有企业的资本权属于社会民众，人民又是国有资本根本的主人，其经营成果在集中到国家之后，最终还是要运用到人民群众身上。其双重属性使得国有企业在我国社会经济体系中扮演着双重角色，在谋取经济效益的同时，服务于社会公众。

1.1.2 国有企业特点

（1）行政管理色彩浓厚

国有企业并不单纯地从事经营活动，而是都带有相应的政府行政级别，与其相应的政府级别挂钩的又是各个主管业务的政府部门和机关。国有企业在经营活动中也兼任着政府管理和行业管理等职责，所以，企业管理者不仅仅是通常概念下非国有企业的经营管理人员，而是具有一定行政级别的政府行政管理人员，其任命、升职、辞退等都必须得到政府相关部门的允许。如此，政府对国有企业的控制力大大加强，国有企业管理者的经营管理行为和决策行为相应地也受到政府的控制，整个企业的运营与管理带有浓厚的行政管理色彩。

(2) 追逐利润兼顾公共服务

在国有企业改制之后，我国的国有企业也逐渐向市场化转型，通过股份制改革，很多国有企业的股东不再只有国家这一个股东，自然人、私营企业等也成为很多国有企业的股东之一，只不过此时国家掌握着股权的大部分比例。所以，此时国有企业除了要对国家及人民负责外，也对特定资产持有者负有一定责任，追求利润最大化应该是国有企业的最终目标。但是现阶段我国社会经济发展水平有限，整个社会的经济处于转型过程中，还存在就业、贫富差距、教育等社会问题，国有企业作为我国社会经济的主体力量应该对这些社会问题也承担起责任，这也是我国社会主义经济体制的内在要求。所以，现阶段我国国有企业在追逐利益的同时，也在社会管理和公共服务中发挥着不可替代的作用，是我国政府部门公共管理与服务体系中的重要一员。

(3) 人才管理体制不够灵活

自20世纪90年代以来，我国国有企业的体制改革虽然取得了不错的成绩，国有企业的市场化水平大大提升，但由于长期的计划经济和行政管理，现阶段国有企业的市场管理和市场竞争意识依然比较弱，其经营管理过程中的主观能动性依然比较低，"等、要、靠"思想依然比较浓厚。浓厚的计划经济思想带来的直接问题就是国有企业的人才管理机制比较僵硬，一些国有企业领导及老员工对体制改革后的市场竞争环境不适应，思维方式及工作方式仍然带有强烈的平均主义思想，在人才激励上也带有浓厚的"平均"色彩。许多国有企业内部的员工激励体制仍然过于传统，陈旧的人力资源体制在较大程度上限制了有职业抱负的员工的发展空间，打击了知识员工的创新积极性。具有较高业务能力和技术水平的优秀人才在渴望更多薪酬的同时，也希望最大限度地实现个人价值，所以，这类员工往往更加倾向于在人才管理机制更加灵活的私企或外企工作。国有企业整体的人才吸引力和留存力大大弱化，尤其是高层次、顶尖人才，无法从海外吸引来的同时，又难以留存国内现有的。

(4) 受宏观政策影响较大

经过体制改革之后，我国的大部分国有企业开始由完全的计划管理向市场导向转变,但是若要完全转向市场尚需一定时间,而且我国的经济体制在一定程度上也限制了国有企业市场导向能力和市场竞争力,尤其是涉及国家战略资源的国有企业现阶段并没有完全向市场放开,甚至可以说市场化很低,这类国有企业可以说依然牢牢控制在国家手里,其经营发展状况受到国家宏观政策的影响很大。此外,国有企业的公共服务、公共管理特性以及在社会经济体系中的绝对地位决定了其在国家宏观市场调节中处于非常重要的地位,是国家实施宏观社会经济政策的重要参与者,其受到宏观政策的影响必然要比非国有企业大得多。

1.1.3 国有企业发展现状

(1) 国有企业整体发展向好

近十年来,我国国有企业整体发展状态良好,无论是整体营业收入还是营业利润均呈现稳步增长状态,2018年全国国有企业资产总额1787483亿元,同比增长8.4%,营业总收入587501亿元,同比增长10.0%,实现利润总额33878亿元,同比增长12.9%。2019年全国国有企业利润总额35961亿元,同比增长4.7%。2020年,国有企业在面临新冠肺炎疫情、国际贸易受阻的困难和挑战下依然实现了632868亿元的营业总收入,较上一年同比增长2.1%,利润总额也达到了2019年的95.5%,经济发展趋势稳定向好。

(2) 市场竞争力有所提升

国有企业整体质量在国有企业股份制改革进程中不断提升,整体市场竞争力不断提升。利用企业竞争力评价模型①对我国上市国有企业2015—2019年的市场竞争力进行计算,如图1-1所示。

企业竞争力得分结果范围介于0—1,数值越大企业竞争力越强。从图1-1可以看出,国有上市企业竞争力得分从2015年的0.1385下降到了2017年的0.1379,而后在缓慢中稳步上升,到2019年上升到了0.1395,我国国有企业整体市场竞争力自2015年以来有所上升。与国有上市企业相比,非国有上市企业竞争力得分从2015年的0.1366一直稳步上升到2019年的0.1407,整体呈稳步快速上升趋势,并在2017年超过国

---

① 王建华,王方华. 企业竞争力评价系统及应用研究 [J]. 管理科学学报,2003 (2):47—53.

有上市企业，国有上市企业整体市场竞争力低于非国有上市企业。

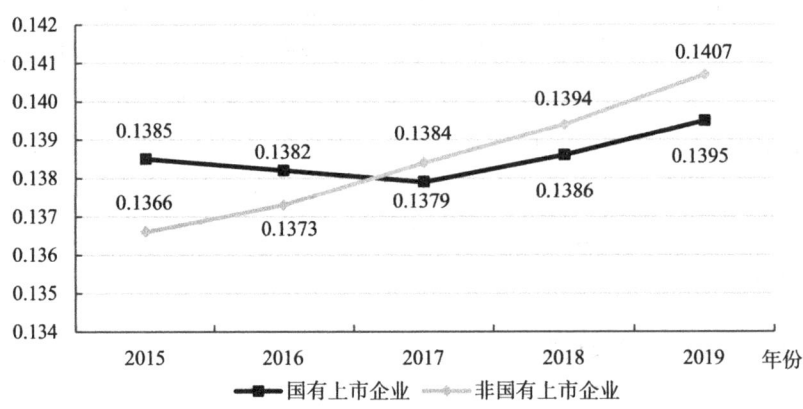

图 1-1　不同性质企业竞争力的分折线图

数据来源：根据 CSMAR 数据库综合整理。

(3) 国有企业创新活跃度相对不高

开展创新活动的企业占比是直接反映企业创新活跃程度的重要指标。来自《中国工业统计年鉴》数据显示，2019 年，国有企业中开展创新活动的占比为 29.7%，不仅明显低于中国港澳台资企业的 50.4% 和外资企业的 50.7%，也低于内资企业的 38.9%。技术创新能更加直观地体现企业的创新情况，但 2019 年国有企业中存在技术创新活动的占比仅为 16.3%，同样与内资企业 (25.6%)、港澳台资企业 (40.5%) 及外资企业 (41.3%) 存在较大差距。

(4) 国有企业创新投入水平相对不足

企业研发投入强度（研发经费支出与主营业务收入之比）是反映创新投入的核心指标。根据《中国工业统计年鉴》最新数据显示，2019 年我国国有企业的平均研发投入强度仅为 0.56%，与内资企业 (1.06%)、港澳台资企业 (1.09%) 和外资企业 (1.01%) 相比均差距明显。企业创新费用中研发经费占比可直接反映企业自主创新投入水平，2019 年，国有工业企业的该指标为 44.6%，低于内资企业的 63.1%、港澳台资企业的 65.6% 和外资企业的 58.6%。总体来看，我国国有企业自主创新投入水平相对不足。

1.1.4 国有企业创新现状

(1) 国有企业创新基本情况

表1-1中数据显示,2019年拥有研发机构的国有企业数为1213家,有R&D活动的国有企业有1698家,在总量上与非国有企业差距很大,这与国有企业数和非国有企业数在总量上的巨大差距有关。从比率指标来看,有研发机构、有R&D活动的国有企业占规模以上国有工业企业的比重分别为16.23%和24.16%,这与非国有企业的21.08%和28.61%相比差距较大,国有企业在研发机构建设和研发费用投入上力度不足。从表1-1中数据还可以看出,国有企业的新产品业务收入比为15.55%,略低于非国有企业的18.50%,国有企业的研发机构数和R&D活动量较少,在单位研发投入效率上也很一般。

表1-1 2019年不同性质规模以上工业企业技术创新基本情况

企业类型	企业数（家）	有研发机构的企业数（家）	有R&D活动的企业数（家）	主营业务收入（万亿元）	新产品业务收入（万亿元）	新产品收入比
国有企业	7297	1213	1698	9.46	1.42	15.55%
非国有企业	365432	70907	100520	103.56	19.16	18.50%
总计	372729	72120	102218	113.02	20.58	34.05%

数据来源:《中国科技统计年鉴2020》《中国统计年鉴2020》。

(2) 国有企业R&D员工数量情况

人才是企业技术创新的核心要素,技术创新人员数量是反映其创新能力高低的主要指标。我国规模以上工业企业R&D员工数量情况如图1-2所示。

根据图1-2,2015—2019年全国规模以上工业企业的R&D员工数量逐年增长,虽然2017年增长幅度有所减缓,但整体呈稳定上升趋势。其中,国有规模以上工业企业的R&D员工数量也在逐年增长,但其增长速度相对低于全国总体水平,甚至在2017年还出现下降情况,说明我国国有企业仍需加大对R&D员工招聘和培养的力度。

(3) 国有企业研发投入情况

从图1-3分析可知,2015年以来,我国国有上市企业研发费用占营业收入总体比重一直低于非国有上市企业,其中,非国有上市企业在

2015—2019 年的研发费用占营业收入的比重变化很小。而国有上市企业的变化比较大,整体呈现快速增长趋势,从 2015 年的 1.48% 上涨到了 2019 年的 1.94%,虽然在持续上涨,但依然与非国有企业差距较大。表明国有企业自 2015 年以来对研发投入的重视程度提高,但在科技创新投入上依然需要进一步加大力度。

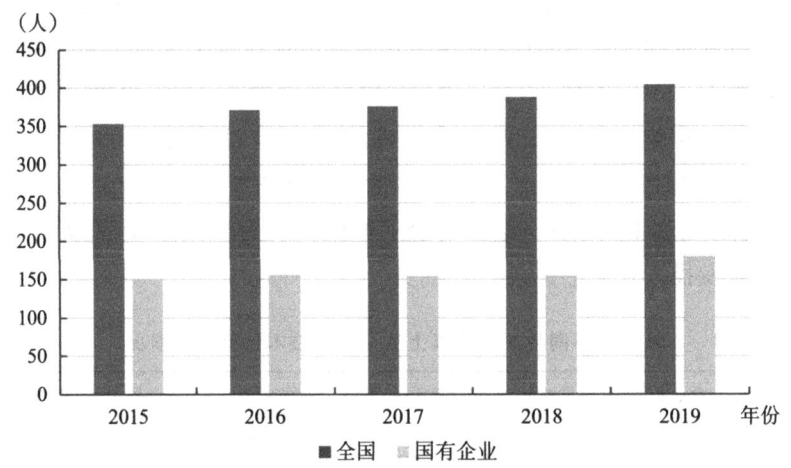

图 1-2 规模以上工业企业 R&D 员工数量

数据来源:《中国科技统计年鉴》(2016—2020 年)。

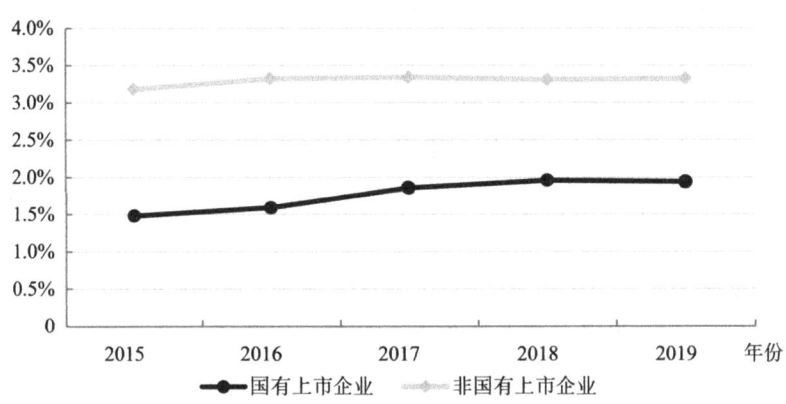

图 1-3 企业研发费用占营业收入比重图

数据来源:《中国科技统计年鉴》(2016—2020 年)。

(4)国有企业技术转化水平情况

资本化研发费用比是企业资本化研发支出与总研发支出之间的比重。

资本化研发支出反映企业技术研发活动中用于具有生产力的专利技术的费用,直接反映了企业的技术投入转化水平。从图1-4可知,2015—2019年国有上市企业与非国有上市企业的技术转化效率均呈现逐渐升高态势,但二者之间存在一定差异。2015年和2016年非国有企业的资本化研发费用比相对于国有企业差距较大,但2017年以后的增长速度加快,虽然依然没有赶超国有上市企业,但与之差距有所减小,反映出非国有上市企业的技术投入转化活力较为强劲,同时也反映出国有上市企业技术转化效率的持续提升速度有限,需要给予更多关注。

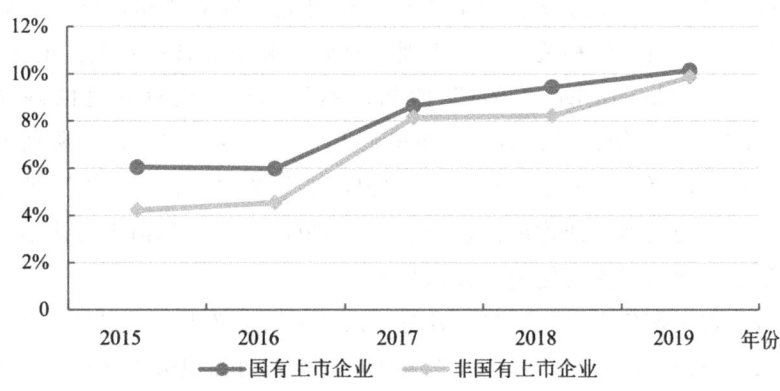

图1-4 不同性质企业资本化研发费用比重图

数据来源:《中国科技统计年鉴》(2016—2020年)。

1.2 知识员工

1.2.1 知识员工概念

在知识属性方面,对于个体之间知识转移效果影响的研究不多,但是得到了一致的结论:简单知识和编码知识比复杂知识和隐性知识具有更高的转移效率,而且人际的强关系更有利于复杂、隐性和私密知识的转移。

针对组织内部知识属性与知识学习效果影响关系的研究，同样既少又统一：在组织内部团队之间，编码知识比隐性知识更容易转移和整合利用生产出新知识、复杂知识和因果模糊知识，不利于转移。更多数量连接、直接连接、强关系及多沟通等因素，有利于隐性知识的转移。跨组织的研究中，也认同简单知识、离散知识、编码知识有利于知识跨组织转移；信任、高交互、共同解决问题等特征，有利于隐性知识和复杂知识跨组织转移。

"知识员工"概念最早源于美国，是由"知识工作者"衍生而来的，最早提出这一概念的是美国学者彼得·德鲁克。自从"知识员工"概念出现后，知识员工的相关问题成为理论研究界和企业管理者关注的焦点。在我国，对"knowledge worker"的翻译不尽相同，比较常见的翻译是"知识型员工""知识工作者""知识工人"等。尽管在翻译的称谓上不一样，但是翻译的本质是一致的，"知识员工"和"知识型员工"的文献称谓居多，与其他翻译称谓比较起来，"知识员工"的称谓更为简洁和便于理解，因此本书主要使用"知识员工"。

自彼得·德鲁克之后许多学者对知识员工的定义进行了解释，但是至今尚未形成统一的认识，国内外学者从不同角度对知识员工进行了定义。

（1）强调工作内容的知识员工概念

从工作内容角度来界定知识员工概念的学者大多注重知识员工在工作中扮演的社会角色、承担的工作任务、具体的工作过程等方面。"现代管理学之父"彼得·德鲁克将知识员工界定为掌握和运用符号和概念，利用知识和信息工作的人。Lee 和 Maurer（1997）根据知识员工从事的具体工作内容，认为知识员工包括但不限于计算机科学家、工程师、物理学家、咨询师、社会科学家、会计师和生态学家[①]。Davenport（2013）认为，从事研究、产品开发、广告、教育、专业服务（如法律、财务与顾问咨询等）及管理工作（尤其是策略与企划等）等知识工作的人，均可称为知识员工[②]。Gong、Zhou 和 Chang（2013）研究认为，知识员工主要

---

① Lee T. W., Maurer S. D. The retention of knowledge workers with the unfolding model of voluntary turnover [J]. Human Resource Management Review, 1997, 7 (3): 247-275.

② Davenport T. H. Thinks for a living: how to get better performances and results from knowledge workers [M]. Brighton: Harvard Business Press, 2013.

掌握、运用符号或概念，利用知识或信息工作，核心价值是创造力[①]。

（2）强调工作性质的知识员工概念

部分学者从工作性质角度来界定知识员工概念。Woodruffe（1999）认为，知识员工是那些拥有知识，并且运用其掌握的知识进行创新性工作的人[②]。杨杰、凌文辁和方俐洛（2004）认为，知识员工是指能够将新创意、新思维转化为现实生产力指导生产实践活动的人[③]。孙继伟（1998）认为，知识员工是指直接从事知识工作并以此为职业的人员[④]。Christian（1997）则将知识员工的范围界定于知识产业领域，知识员工就是在以知识为基础的产业中（如电脑、医药保健、通信等）搜集、分析与传达信息以创造价值的人[⑤]。

（3）强调群体特征的知识员工概念

一些学者从群体特征角度定义了知识员工，Sulek 和 Marucheck（1994）从受教育程度高、执行非重复性任务、自主性等方面来界定知识员工[⑥]；安盛咨询公司提出，知识工作要求员工具备智力输入、创造力和权威来完成工作，知识员工主要包括专业人士、具有深度专业技能的辅助型专业人员和中高级经理；刘琴、徐拥军和陈幸华（2005）认为，知识员工掌握了至少一个领域内的知识理论，并具有丰富的实践经验，能够为企业创造超额财富，是先进生产力的主导者[⑦]。

尽管迄今为止学术界尚未对什么是知识员工达成统一的界定，但存在以下几点共识：第一，知识员工掌握了扎实的知识和技能；第二，知识员工从事的是脑力劳动；第三，知识员工具有创造社会财富的能力。因此，

---

① Gong Y., Zhou J., Chang S. Core knowledge employee creativity and firm performance: the moderating role of riskiness orientation, firm size, and realized absorptive capacity [J]. Personnel Psychology, 2013, 66 (2): 443-482.

② Woodruffe C. Winning the talent war [M]. New York: John Wiley and Sons, 1999.

③ 杨杰，凌文辁，方俐洛. 关于知识工作者与知识性工作的实证解析 [J]. 科学学研究，2004, 22 (2): 190—196.

④ 孙继伟. 论知识工作者和知识工作的改进 [J]. 复旦大学学报：社会科学版，1998 (3): 24—28.

⑤ Christian J. E. Knowledge workers in demand through year 2000 [J]. Managing Office Technology, 1997, 42 (1): 45-67.

⑥ Sulek J., Marucheck A. The impact of information technology on knowledge worker [J]. Work Study, 1994, 43 (3): 5-13.

⑦ 刘琴，徐拥军，陈幸华. 论知识型员工的激励 [J]. 求索，2005 (5): 55—56.

本书综合国内外学者的观点，将知识员工定义为具备一定的知识与技能，通过获取、创造、整理和应用知识等活动，为所在企业组织带来社会经济效益的员工。

1.2.2 知识员工分类

经过文献调研发现，对知识员工的分类研究较多，目前仍未有一种较有普遍意义的分类方式，比较有代表性的主要有基于贡献程度、稀缺性和忠诚度、工作性质和职业类型的三种分类方式。

（1）基于贡献程度的知识员工分类

按照知识员工对组织贡献程度的分类方式在国内外受到的重视比较高，理论界认为并不是所有员工拥有的知识和技能对组织发展具有相同的作用，即所谓的人力资本结构理论，他们将组织员工划分为开发、获取、缩减和联合等四种不同的员工模式种类。在我国也有一些学者从贡献度角度对知识员工进行了分类，其中关注度比较高的是基于知识员工拥有知识的战略价值及对企业专用性进行的分类，把知识员工分为先锋型、工兵型、卫士型和盟友型四种类型。该四类知识员工对于组织发展和创新的作用各不相同，先锋型突出了知识员工创新的层次，在涉及组织核心技术方面的贡献突出，工兵型主要是指那些对组织发展和创新具有基础性、保障性贡献的知识员工，卫士型是指那些对现有技术的运用、完善有一定作用的知识员工，而盟友型则是指与组织间的隶属关系并不是非常明确的知识员工。各种类型的知识员工的技术水平和对组织的重要性存在差异，为组织机构制定和实施差异化知识员工管理模式提供了依据。

（2）基于稀缺性和忠诚度的知识员工分类

由于知识员工群体具有较高教育程度，决定了这种人力资本的稀缺性。同时，知识员工具有强烈的流动意愿，因此对其忠诚度的研究成为学术界研究的一个焦点。现有文献从忠诚度角度对知识员工的分类也比较多，比如我国一些学者建立了有效管理知识员工的四分图模型，把知识员工划分为核心型、紧密型、边缘型和孤岛型四类。其中，对于核心型知识员工应采取放权式管理方式，对于紧密型知识员工应采取指导式管理方式，对于边缘型知识员工应采取专权式管理方式，对于孤岛型知识员工应采取关注式管理方式。

(3) 基于工作性质和职业类型的知识员工分类

根据知识员工工作性质和知识员工职业类型来对员工进行分类，也是国内外较为流行的分类方式。比如根据工作性质将知识员工划分为律师、医生、专门技术人员等类型，按职业类型将知识员工划分为技术专业员工、生产管理员工和科研员工。我国学者管宝云和赵全超（2006）根据企业的工作岗位，将IT企业内部知识员工划分为研发型人才、管理型人才和对外公关型人才等三种类型[①]。

1.2.3 知识员工特征

相对于非知识员工，知识员工的特征主要表现为以下三点：

第一，受教育程度高、专业技能强、团队合作意识强烈。虽然较高的受教育程度并不是知识员工的必备条件，但从群体特征来看，知识员工群体普遍具备较好的受教育背景，这是他们掌握扎实的知识技能以及能够直接创造更多价值的最主要条件。另外，在组织内部，知识员工通常采用团队合作的方式来开展工作，通过将各自的聪明才智汇聚一起，以提高工作效率和质量。

第二，具有强烈的自主性、成就动机、流动意愿。在自主性方面，知识员工具有比较独立的观点和想法，很难听从他人的意见和指挥。由于自身具备丰富的知识技能，他们希望拥有更加独立的发展空间。他们一般自信心比较强，认为自己更加清楚如何更好地开展工作，因此，他们对于工作计划更倾向于个人的主观选择，而不是被动地由他人安排和布置各种工作任务。对于公司管理制度，他们不希望受到过多的管理者的影响，希望拥有更加独立自主的操作空间，以更好地发挥他们的知识才华；在成就动机方面，知识员工会始终保持旺盛的求知欲，他们注重个人知识和技能的不断提高，不追求个人岗位晋升机会，为更好地实现个人价值，他们倾向于通过主动学习来实现自我提高和进步；在流动意愿方面，大多知识员工追求个人价值的实现，他们更加重视个人职业目标规划，在他们看来，获得更好的职业发展空间远比选择服务哪家企业更为重要，因此，他们不希望因为长期雇用关系失去个人更好的发展机会，岗位流动性逐渐增大。

---

① 管宝云，赵全超. 高新技术企业知识型员工成长需求与激励机制设计研究[J]. 科学学与科学技术管理，2006（4）：122—126.

第三，创新性较强、工作绩效难以衡量。知识员工的工作是充分运用个人所掌握的知识技能，借助主观能动性，将知识技能运用到新产品、新技术的研发工作中，不断为企业和社会带来更为先进的生产技术和管理方法，从而有效促进组织和社会生产能力的进步。因此，知识员工与创新活动紧密联系在一起，成为他们身上独特的标签。在工作过程中，知识员工的劳动具有结果完全无形（如创意、建议等）和结果有形但价值无形（如研究报告、出版物等）的特点，他们与其他体力劳动者有所不同，是依赖大脑来完成各种创新工作，是一种无形的智力资本投入和使用，同时灵感可能随时出现，工作步骤也变得没有规律可言，因此很难对其工作过程进行有效的控制。此外，由于一般岗位工作本身就具有难以量化的特点，对知识员工的成就和贡献进行准确的计算和评估就更为艰难，因此无法制定一套科学客观的绩效评估制度来分解知识员工个人的贡献率。

归纳知识员工的特点不难发现，知识员工和非知识员工在工作形式、工作自主性、监督管理等方面存在较大差异，其中，最突出之处则表现为知识员工掌握了扎实的知识和技能，掌握的生产资源质量也更高，这与资本家类似，都掌握了不同数量的资源禀赋，对超额利润享有拥有权。在古典经济学理论看来，劳动力是一种重要的生产要素，是一种实物资本。因此，掌握丰富知识技能的员工是企业的重要生产要素，是一种无形的宝贵资产。企业要获得良好的经济效益，必须不断降低成本，不断提高资产增值能力。对于知识员工来说，其升值过程就是自我知识充实的过程。知识员工在开展生产活动中，将自己的知识技能充分发挥出来，不仅提高了企业的生产效率，也实现了自我增值。

拓展阅读

彼得·德鲁克（Peter F. Drucker）生于维也纳一个富裕且文化环境良好的犹太家庭，后移居美国，是管理学研究的集大成者，"知识员工（知识型员工）"的概念最早便由他提出，被誉为"现代管理学之父"，世界各国的理论研究者和实践管理者均深受彼得·德鲁克思想的影响。

彼得·德鲁克的父母对其教育非常重视，从小便给予了他良好的教育，1931年，年仅22岁的德鲁克便获得了法兰克福大学的法学博士学位。1942年，德鲁克受聘为通用汽车公司顾问，这为其理论研究及管理理论的实践提供了条件。自1943年起，德鲁克在纽约大学担任了20多年的管理学教授。1946年，在其出版的《公司概念》一书中首次提出了"组织"的概念，这为组织学的产生与发展奠定了基础。1954年，在其出版的《管理的实践》中首次提出了"目标管理"的概念，该概念的提出在管理学发展史中具有划时代的意义，自此管理学成为一门独立学科，这也奠定了德鲁克管理大师的地位。1966年，德鲁克出版了《卓有成效的管理者》，该书已经成为企业管理者的必读经典。1973年，德鲁克的巨著《管理：任务，责任，实践》正式出版，该书受到世界范围内的理论研究者和实践者的高度追捧，被誉为管理学的"圣经"。1985年，《创新与企业家精神》正式出版，书中强调了20世纪80年代以后的经济已经由"管理经济"转变为"创新经济"。1999年，德鲁克在出版的《21世纪的管理挑战》一书中清晰地指出"新经济"的最大挑战是知识工作生产力的提升。2002年，德鲁克获得由美国总统乔治·W.布什颁发的"总统自由勋章"，这是美国公民可获得的最高荣誉。

德鲁克在经济变化趋势的预测上显示出了惊人的天赋，早在1969年，德鲁克就预言，知识员工将作为一种新的劳动者种类而出现，他们的专业水平和知识水平决定着他们的职业。对于1987年下半年的美国股市大崩盘，德鲁克也早有预言。

彼得·德鲁克的管理理论和管理思想深刻影响着数代企业管理者，在英特尔公司创始人安迪·格鲁夫、微软董事长比尔·盖茨、通用电气公司首席执行官杰克·韦尔奇的管理实践中均受到了德鲁克管理思想的启发和影响。国际著名财经杂志《经济学人》评价彼得·德鲁克："假如世界上果真有所谓大师中的大师，那个人的名字，必定是彼得·德鲁克。"

第 2 章

员工工作态度

人,不管是什么,应当从事劳动,汗流满面地工作,他生活的意义和目的、他的幸福、他的欢乐就在于此。

——［俄］安东·巴甫洛维奇·契诃夫

自己动手,自己动脚,用自己的眼睛观察,这是我们实验工作的最高原则。

——［俄］伊万·彼得罗维奇·巴甫洛夫

涓滴之水可磨损大石,不是由于它力量强大,而是由于昼夜不舍地滴坠。只有勤奋不懈地努力,才能够获得那些技巧。

——［德］路德维希·凡·贝多芬

引 例

在全球畅销书《把信送给加西亚》中讲述了这样一个故事:1898 年,美国与西班牙爆发战争,美国需要立即与西班牙的反抗军首领加西亚取得联系。但此时的加西亚身在古巴丛林中,没有人知道他的准确位置,无法将信传递给他。如何将信件及时传递给加西亚并与其取得合作呢? 有人向美方推荐了一位叫罗文的人,美方便把该任务交给了罗文,罗文也欣然接受了。在三个星期的时间里,罗文穿过危机四伏的地区,成功将信件交给了加西亚，顺利完成了任务。在这个英雄故事里，我们需要注意的是，虽然罗文面临的问题很多，但在接到任务后他没有过多抱怨，而是在各种困难面前百折不挠，以最积极的态度尽快完成任务。

在现实的工作中，当领导给你布置了一项任务之后，你的态度如何？有没有抱怨、畏惧困难呢？有没有及时地"把信送给加西亚"呢？虽然这是120多年前的文章，但现在读起来依然能给你的工作和学习带来很多思考。现在的年轻人在对待工作时，不仅需要学习书本上的理论知识，听取他人的教导，更需要有端正的敬业态度。在现实工作中，他们需要在接到任务后，无须监督地、义无反顾地"把信交给加西亚"。这种企业员工会很得领导的赏识，他们对待工作的态度也会促使自己的专业技能和工作经验积累得很快，职业发展道路也会更加畅通。企业人力资源管理的重要任务之一就是寻找和挖掘这种人才。

2.1
态度理论

态度理论是探讨个人态度的形成、变化及评价的一种理论。根据该理论，企业员工的态度是其对社会经济客观事物的主观心理倾向，包括对客观现实的认知、情感和行为等，它会随着社会经济现实的变化而变化，它具有明显的社会性、相对性、间接性等特性，在社会环境中逐步形成。关于态度理论的研究，学术界存在几种不同的观点，大致可以分为学习理论、诱因理论、认知理论、社会判断理论和苏联的层次理论等几种类型。

①学习理论。学习理论主要包括经典条件反射理论和强化理论，社会学习理论也涵盖其中。在学习理论领域的代表性学者是美国著名心理学家卡尔·霍夫兰（Carl Hovland），他认为人的态度主要是在所处的客观环境中，通过联想、强化和模仿而产生的，联想、强化和模仿是人学习社会科学文化的三个不同阶段，也是促使不同人产生不同态度的主要机制。其中，经典条件反射理论更注重联想的态度产生机制，强化理论更注重强化

阶段的作用，而社会学习理论主要强调模仿机制。

②诱因理论。诱因理论最早是由米尔顿·弗里德曼（Milton Friedmann）于1985年提出，该理论与决策理论和交换理论关系密切，与预期价值理论和认知反应理论也有着千丝万缕的联系[①]。诱因理论与其他态度理论相比，其最大的特点是对人的主观能动性格外重视，突出了人的态度可以通过自我主动改变或调整而形成，更强调态度形成过程中各种诱因的平衡。同时，诱因理论也更关注不同态度给人带来的得失，更倾向那种可以带来最大效益的态度。

③认知理论。根据认知理论，人的行为举止主要决定于其所处的社会经济客观环境，人对周围社会环境如何看待决定着其行为态度，人会把对社会环境的知觉、思想、信念等组合为意义观念，同时影响着社会行为的意义，同时影响着人的行动。其中，认知相符理论是认知理论中探讨人的态度的重要组成部分，其核心观点是，人在努力追求某一人生目标时总是与其认知结构相匹配的，有什么样的认知结构往往就会有什么样的追求，当人的某一认知与其价值观念、人生目标不一致时，他会努力改变使之实现一致。

④社会判断理论。社会判断理论中的态度观点主要集中于态度的转变上，该理论指出，人所持有的态度结构决定着其如何对待相关信息，其中态度结构是指人的态度可能达到的范围，人对待相关信息可以接受的范围称之为接受域，相反，对待相关信息可能拒绝的范围叫作拒绝域。根据社会判断理论，如果相关信息在某人的接受域内，则其态度会逐渐向着信息所持态度方向转变；相反，如果相关信息在某人的拒绝域内，则其态度会发生反向变化，或者不发生任何变化。一般认为，个人早期对相关信息的态度是中心，围绕在中心一定范围的区域便是接受域或拒绝域。通常情况下，个人的接受域越宽则其对待相关信息的态度越宽松，其接受相关信息的可能性越大，态度比较极端的人往往具备比较狭窄的接受域，而性情持温、善于听取他人观点和意见的人往往具备比较宽泛的接受域。

⑤层次理论。态度理论中的层次理论最早是由苏联社会心理学家 M. 乌兹纳泽在定势理论基础上提出的[②]。定势理论认为，定势是由人的需要

[①] 章志光. 社会心理学 [M]. 北京：人民教育出版社，2008.
[②] 金盛华. 社会心理学（第2版）[M]. 北京：高等教育出版社，2005.

和所处的现实客观环境决定的。人的需要得到满足的过程即其从事各种活动的过程,人的需要范围扩大会导致其活动范围扩大。特定需要是和特定活动与特定环境密不可分的,应该从不同层次考虑需要、活动和环境,因此可以将定势分为四个层次:范围固定定势、社会固定定势、基础社会定势和个人价值定向系统。如此便可把定势区分为原意义定势和社会定势,其中,社会定势即人的态度与价值系统。根据 M. 乌兹纳泽的观点,社会定势对人的活动具有一定的调节作用,但这种作用力是受到限制的。在具体社会活动和客观环境中,态度可以分为不同层次,所发挥的作用是存在差异的,认知在高级层次中发挥着主要作用,而情感则在较低层次上发挥着主要作用。

2.2 工作态度内涵

态度是人类特有的情感倾向,影响这种倾向的因素是多方面的,其中,学习经历和社会阅历是会对态度形成发生作用的最主要因素。人的态度是可以固化保存起来的,但是也可以通过有目的的训练来加以重新塑造。企业的每种变革活动都会有人参与,它能够在多大程度上得到员工的支持,直接决定了其变革效果。对于企业员工来说,态度是员工内心感性情感的流露,是针对特定事物所表现出来的一种行为方式和思想看法。所谓工作态度,更多认为是一种特定的心理感受,是员工在长期工作实践中形成的一种特定的心理感受。

目前学术界对于态度及工作态度的理解和认识并不统一,比较有代表性的定义如表 2-1 所示。本书认为,态度是人在不同的客观环境下形成的一种固有的感性认识,它产生于社会实践,综合了情感、认知和行为三个方面要素。而工作态度可以理解为员工在工作环境中形成的一种特定情感和观念,包含员工的主观感受、理想和感知等,融合了情感、认知、行为三个方面要素,其结构如图 2-1 所示。

表 2-1　　　　　　　　　态度与工作态度的代表性定义

来源	定义
Fishebin 和 Ajzen（1975）	态度是一种学习而成的倾向，对一定的目标或观念以一致的方法去认知或行动①
Schaufeli（2006）	态度是指对某事物持续性的感受或行为倾向②
Terry（2010）	态度是对人、事、物所抱持的正面或负面的评价③
王宝荣和郑聪（2012）	态度是员工内心感性情感的流露，是针对特定的事物所表现出来的一种行为方式和思想看法④
Hopkins 和 Weathington（2006）	工作态度是员工在长期工作环境中形成的一种特定的心理感受⑤
祝小宁、康健和刘宇（2017）	工作态度反映的是员工对工作本身的价值或兴趣、获得的奖励、同事间关系的感知以及对领导和组织的评价⑥

资料来源：①Fishebin M., Ajzen L. Attitudes and opinions [J]. Annual Review of psychology, 1975 (23): 487–544.

②Schaufeli W. B. The measurement of work engagement with a short questionnaire: a cross-national study [J]. Educational and Psychological Measurement, 2006, 66 (4): 701–716.

③Terry T. Exploring the effects of congruence and Holland's personality codes on job satisfaction: an application of hierarchical linear modeling techniques [J]. Journal of Vocational Behavior, 2010 (76): 16–24.

④王宝荣, 郑聪. 小型团队领导者工作态度量表研究 [J]. 广西大学商学院学报, 2012 (9): 61—67.

⑤Hopkins S. M., Weathington B. L. The relationship between justice perceptions, trust, and employee attitudes in a downsized organization [J]. The Journal of Psychology, 2006, 140 (5): 477–498.

⑥祝小宁, 康健, 刘宇. 地方政府组织文化、领导行为与公务员工作态度的关系研究 [J]. 四川大学学报（哲学社会科学版）, 2017 (2): 124—133.

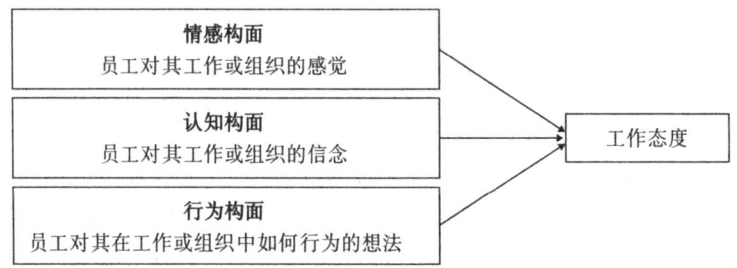

图 2-1　工作态度的构面图

在理论研究中，对工作态度的结构要素讨论一直备受关注。早在 1979 年，Mortimer（1979）就提出，工作态度是企业管理研究涌现出的新概念，主要包括工作感知和工作忠诚度两个方面内容①。在后来的研究中，特别是大量实证研究中，学者们都普遍将工作态度的结构要素划分为工作满意度、组织承诺和工作投入三个方面，如 Conte（2005）通过实证研究发现，工作满意度、工作投入和组织承诺之间互不干扰，能够很好地体现工作态度倾向②；罗宾斯（2002）认为，个体态度是千变万化的，从组织行为理论来看，工作态度应重点强调与工作有关的情感，因此组织行为理论着重从工作满意度、工作投入和组织承诺三个方面来衡量工作态度③；曾明和秦璐（2003）认为，可以将工作态度划分为工作满意度、组织承诺和工作投入三个方面进行测量④，工作满意度、工作投入和组织承诺是三个相互独立的因素，尤为重要的是这三个因素是测量工作态度最为有效的因素。

因此，本书将借鉴以往研究成果，特别是借鉴对工作态度维度划分的实证研究成果，把知识员工工作态度划分为工作满意度、组织承诺和工作投入三个维度，每个维度的具体含义为：

①工作满意度。知识员工在组织内工作过程中，对工作本身及其有关方面（包括工作环境、工作状态、工作方式、工作压力、挑战性、工作中的人际关系等）的良性感受心理状态。

②组织承诺。知识员工对组织的认同程度及参与组织的强度。组织承诺不同于知识员工与组织签订的工作合同，而是一种"心理合同"，或"心理契约"。加拿大学者 Allen 与 Meyer 提出了组织承诺的三因素模型，该三因素是指感情承诺、持续承诺和规范承诺⑤。

③工作投入。这一概念最早由 Kahn 于 1990 年提出，他认为工作投入

---

① Mortimer T. Reporting earnings: a new approach [J]. Financial Analysts Journal, 1979, 35 (6): 67-71.

② Conte J. M. A review and critique of emotional intelligence measures [J]. Journal of Organizational Behavior, 2005, 26 (4): 433-440.

③ 罗宾斯. 组织行为学 [M]. 孙健敏, 李原, 译. 北京: 中国人民大学出版社, 2002.

④ 曾明, 秦璐. 工作满意度研究综述 [J]. 河南教育学院学报（哲学社会科学版），2003, 22 (1): 101—104.

⑤ Allen N. J, Meyer J. P. The measurement and antecedents of affective, continuance and normative commitment to the organization [J]. Journal of Occupational Psychology, 1990, 63 (1): 1-18.

是员工通过自我控制以实现自我与工作角色相结合，自我与工作角色实际上处于动态和相互转化的过程中，工作投入较高即个体将大部分精力投入角色行为中，并在角色中展现自我；相反，工作投入较低即个体将自我抽离于工作角色之外，产生离职意愿，使自己在工作中不会创造工作角色所需要的绩效。简单来说，工作投入就是指员工心理上对自己工作的认同[①]。

2.3 工作态度测评

如何测评工作态度？国内外学者已做出较多探讨，但目前为止尚未形成统一的共识，仍然存在较多争议。Conte（2005）通过实证研究发现，工作满意度、工作投入和组织承诺之间互不干扰，能够很好地体现工作态度倾向，可以综合三者的打分情况计算出工作态度的分值；罗宾斯（2002）认为，个体态度是千变万化的，从组织行为理论看，工作态度应重点强调与工作有关的情感，因此组织行为理论着重从工作满意度、工作投入和组织承诺三个方面来衡量工作态度；曾明（2003）的研究指出，工作态度的衡量可以从工作满意度、组织承诺和工作投入三个方面入手，测量员工对工作的总体感知，比单独使用其中一两个指标来衡量工作态度更科学；李超平、李晓轩和时勘（2006）则在上述研究基础上，增加了辞职倾向、工作热情两个指标，以提高工作态度评价的科学性、客观性[②]。根据上述国内外相关研究，对工作态度的测评可以包括三个方面内容，即工作满意度、组织承诺和工作投入，对这三个方面内容的测评又出现了不同的测评方法（见表2-2）。

[①] Kahn W. A. Psychologieal conditions of personal engagement and disengagement at work [J]. Academy of Management Journal, 1990, 33 (4): 692-724.

[②] 李超平，李晓轩，时勘. 授权的测量及其与员工工作态度的关系 [J]. 心理学报，2006 (1): 99—106.

表 2-2　　　　　　　　　　工作态度的测评内容与方法

项目	维度	方法
工作态度	工作满意度	工作描述指数法
		工作满意度指数量表
		明尼苏达工作满意度调查表
		彼得需求满意度调查表
	组织承诺	组织承诺量表
		情感承诺、持续承诺和规范承诺
		非组织承诺量表的态度量表
		功利性的、疏离性的和道义性的组织承诺量表
	工作投入	Lodahl & Kejner 量表
		Saleh & Hosek 量表
		Kanuago 量表
		Utrecht 工作投入量表

2.4 工作态度的影响因素

2.4.1 工作满意度的影响因素

员工工作满意度的影响因素较多，总体来看，学术界将这些影响因素归为三类，即个体特征因素、情景特征因素和情感特质因素。

①个体特征因素。员工个体的性别、工作经历、人生阅历、学历等都会影响其工作满意水度。Gregory 和 Laurent（2005）通过考察性别对工作满意度的影响发现，虽然性别会对个体的就业带来较大影响，但是并不会影响个体对工作的满意度[①]；张士菊和廖建桥（2007）研究发现，工作经

[①] Gregory J., Laurent J. P. Basket default swaps, CDOs and factor copulas [J]. Social Science Electronic Publishing, 2005, 7 (4): 205-221.

历与工作满意度之间存在显著的负相关关系①;高峰和郭菊娥(2008)的研究发现,相比青年员工,年龄偏大的员工具有更高的工作满意度②。

②情景特征因素。情景特征因素主要包括工作本身、工资福利、工作氛围、同事关系融洽程度、企业市场地位等。洪岑(2009)指出,工作兴趣对员工工作满意度有十分显著的影响,而工作当中如果有过大的压力,会让员工产生抗拒心理,而良好的培训机会和晋升空间能够显著提升员工的工作满意度③;史志明(2010)认为,工资福利水平直接影响员工对工作的评价,不合理的薪酬制度会严重降低工作满意度④;陈小平(2012)研究发现,和谐融洽的交往氛围能够舒缓员工的工作压力,提高工作满意度⑤。

③情感特质因素。随着情感理论的影响力不断扩大,不少学者开始尝试将其用来研究员工的工作满意度,Luchak 和 Gettatly(2002)⑥、Matt(2007)⑦等研究发现,员工的情感变化会对其工作满意度产生重要影响,二者具有显著的正相关关系,积极乐观的员工相比消极低沉的员工总会有更高的工作满意度。

2.4.2 组织承诺的影响因素

组织承诺是员工对企业的一种固化情感认知,是员工对企业的归属感流露和与企业共进退的决心体现。组织承诺的影响因素是国内外学者的研究焦点,涌现出了大量研究成果。影响组织承诺的因素体现在多个方面,包括个体特征、工作特征、工作经验等。在 Steers(1977)提出的组织承

---

① 张士菊,廖建桥. 员工工作满意度各维度对整体满意度的影响研究[J]. 科学学与科学技术管理,2007,28(8):184—188.

② 高峰,郭菊娥. 知识管理在工程项目管理中的应用研究[J]. 情报杂志,2008,27(5):127—129.

③ 洪岑. 工作满意度的研究现状述评[J]. 社科纵横,2009,24(10):86—88.

④ 史志明. 提高知识型员工工作满意:基于人力资源开发的视角[J]. 现代企业教育,2010(12):79—80.

⑤ 陈小平. 员工参与对工作满意度和员工绩效影响实证研究[J]. 理论导刊,2012(2):129—133.

⑥ Luchak A. A, Gellatly I. R. How pension accrual affects job satisfaction[J]. Journal of Labor Research,2002(25):145-153.

⑦ Matt V. Lean production, worker empowerment, and job satisfaction: a qualitative analysis and critique[J]. Critical Sociology,2007(12):42-49.

诺影响因素模型（见图2-2）中，影响组织承诺的因素有三个，分别为个人特征（如年龄、成就动机、教育程度）、工作特征（如挑战性、回馈、工作完整性等）和工作经验（如团队态度、对组织的依赖程度、个人重要性等）①。

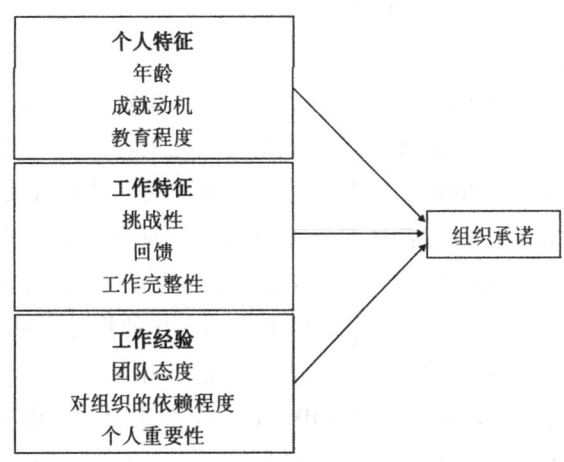

图2-2 Steers组织承诺影响因素模型

Mowday、Beyer和Trice（1982）修正了Steers提出的组织承诺影响因素模型（见图2-3），在上述四个因素中，加入结构性特征因素②。在修正的Steers组织承诺影响因素模型中，影响组织承诺的因素有四个，分别为个人特征（如年龄、性别、教育程度）、与角色相关的特征（如工作特性、角色冲突等）、结构性特征（如组织规范、工会介入、分权程度等）和工作经验（如对组织的依赖程度和期望程度）。

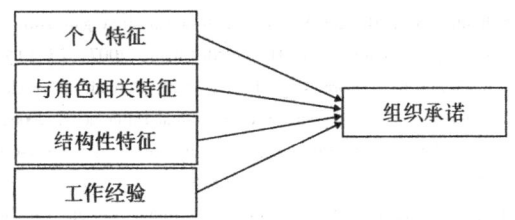

图2-3 修正的Steers组织承诺影响因素模型

---

① Steers R. M. Antecedents and outcomes of organizational commitment [J]. Administrative Science Quarterly, 1977 (8): 22-47.

② Mowday J. M., Beyer J. M., Trice H. M. Employee organization linkages [M]. New York: Academic Press, 1982.

2.4.3 工作投入的影响因素

可以将工作投入的影响因素概括为三类。第一类是个体特征因素，如员工的人格特征、心理状态等。Kahn（1990）认为，心理状态是工作情境中理性的和无意识的心理体验，个体通过工作中的心理意义、心理安全及心理可获得性三种心理状态来调整对工作的投入；Llorens 等（2007）研究了工作资源（时间控制和方法控制）、专业效能感和工作投入的关系，发现工作资源、专业效能感及工作投入之间存在着一种上升螺旋关系[1]；Langelaan 等（2006）的研究表明，神经质、外向性和灵活性与工作投入相关，高工作投入者具有低神经质、高外倾性和高灵活性特点[2]；Britt（2003）的研究发现，如果个体身份认同的某些方面与其所在的职业领域相关，则即使在不利的工作条件下（如工作的指导方针不明确），个体也能保持高水平的工作投入[3]。第二类是工作特征因素，Schaufeli 等（2002）提出的工作要求—资源（JD-R）模型认为，工作要求与工作倦怠相关，而工作资源则与工作投入相关[4]；May、Gilson 和 Harter（2011）研究发现，工作丰富性、角色适配性、同事间的鼓励、上级支持及工作资源的可得性等对工作投入产生正面影响[5]。第三类是与家庭相关的影响因素，Rothbard（2001）通过考察个体对工作投入与其对家庭投入之间相互影响的动态过程发现，男性在工作中的投入和积极情绪会增加其对家庭的关注程度，而女性工作投入增加会减弱其对家庭的关注程度[6]；Bakker、Demerouti 和 Schaufeli（2005）研究发现，工作投入和倦怠在同为上班族

---

[1] Llorens S., Schaufeli W., Bakker A., et al. Does a positive gain spiral of resources, efficacy beliefs and engagement exist [J]. Computers In Human Behavior, 2007, 23 (1): 825-841.

[2] Langelaan S., Bakker A. B., Doornen L. J. P. V., et al. Burnout and work engagement: do individual differences make a difference? [J]. Personality & Individual Differences, 2006, 40 (3): 521-532.

[3] Britt T. W. Aspects of identity predict engagement in work under adverse conditions [J]. Self and Identity, 2003, 2 (1): 31-45.

[4] Schaufeli W. B., Salanova M., Vicente González-romá., et al. The measurement of engagement and burnout: a two sample confirmatory factor analytic approach [J]. Journal of Happiness Studies, 2002, 3 (1): 71-92.

[5] May D. R., Gilson R. L., Harter L. M. The psychological conditions of meaningfulness, safety and availability and the engagement of the human spirit at work [J]. Journal of Occupational & Organizational Psychology, 2011, 77 (1): 11-37.

[6] Rothbard N. P. Enriching or depleting? The dynamics of engagement in work and family roles [J]. Administrative Science Quarterly, 2001, 46 (4): 655-684.

的夫妻之间均存在着显著的交叉传递效应①。

总体来看,员工工作满意度的影响因素主要归为个体特征因素、情景特征因素、情感因素三类;影响组织承诺的因素包括个体特征、工作特征、工作经验、结构性特征等;工作投入影响因素包含个体特征因素、工作特征因素、家庭相关的影响因素。

拓展阅读

让·皮亚杰(Jean Piaget),瑞士著名的儿童心理学家,他是认知理论的重要奠基人,一生出版60多部专著,发表500余篇学术论文,曾获得过多所世界名校的几十个名誉博士、荣誉教授及荣誉科学院士称号。皮亚杰对心理学最大的贡献是把传统的那种随意、非系统的临床观察方法转变为科学、系统的观察方法,推动了现代临床心理学的快速发展。

中学时代的皮亚杰便对认识理论产生了浓厚的兴趣,大学期间进一步热衷于哲学、心理学及逻辑学,他认为生物学和哲学的有效结合是通往认识论的捷径。皮亚杰的认知理论受到遗传和环境的束缚很少,更强调内因和外因的相互作用在人的认知观形成过程中的重要性,即认为人的心理状态是主体与客体相互作用的结果。

皮亚杰认为,格式可以看作有机体认知结构中的一个子结构,同时也可以视为认知结构中的一个元素。皮亚杰将生物学上的同化概念引入心理学中,认为同化是个体认知进化机制之一,他认为人们会把认知的相关信息融入原有格式以实现对相关事物更好地理解。

依据皮亚杰的观点,平衡化是指通过多重的去平衡与再平衡实现从开始的接近平衡状态逐渐向质上存在差异的平衡状态递进。而自动调节是介于同化与顺应之间的第三者,可以实现平衡同化与顺应以推动两者达到平衡的目的。

皮亚杰认为世间万物皆可认识,在功能机制角度上是同化与顺化的统一,在结构机制上是主体认知结构的内化产生和外化应用的统一,而运算则是组成认知结构的元素,将多个运算联系在一起便组成了结构整体。

---

① Bakker A. B., Demerouti E., Schaufeli W. B. The crossover of burnout and work engagement among working couples [J]. Human Relations, 2005, 58 (5): 661-689.

第3章

国有企业知识员工创新

不创新,就灭亡。

——[美]亨利·福特

可持续竞争的唯一优势来自超过竞争对手的创新能力。

——[英]詹姆斯·莫尔斯

创新是做大公司的唯一之路。

——[美]杰弗里·摩尔

引 例

中兴通讯股份有限公司(以下简称中兴通讯)是一家成立于1985年、向全球提供综合通信解决方案和通信设备的国有企业,截至2020年年底,中兴通讯在全球已经设立了110个分支机构、8个交付中心、14个培训中心、7个区域客户支持中心、45个本地客户支持中心,3000多家本地外包合作商,为全球140个国家(地区)的500多家运营商提供服务。在员工上,截至2021年年底,中兴通讯拥有近81500名员工,其中,拥有本科及以上学历人数约31500人,约占38.7%;硕士约22400人,约占27.5%;博士、博士后约400多人。

中兴通讯是我国国有重点技术企业、技术创新试点企业和国家

"863"高技术成果转化基地，承担了近30项国家"863"重大课题，是通信设备领域承担该课题最多的企业，公司每年投入的科研经费占销售收入的10%左右，并在美国、印度、瑞典及中国设立了14个研究中心。

中兴通讯坚持以市场为驱动的研发模式进行自主创新，通过独立自主的开发主体，层次分明、科学规范的创新体系，持续的研发投入，中兴通讯在技术开发领域取得一系列的重大科技成果。2019年9月20日，中兴通讯荣获"2019世界制造业大会创新产品金奖"。2020年2月，国际知名专利数据公司IPlytics和柏林工业大学联合研究的5G行业专利报告显示，2020年中兴通讯的通信技术专利数量位列全球第三。

能够成为中国通信行业的"领头羊"，人才是其核心资源。从本质上说，企业与员工的利益是一致的，在中兴通讯的人才管理中，人才是和有形资产、市场并列的三大企业资产，其中，人才被认为是最具活力的生产要素。在中兴通讯，除了学历是人才选拔的重要标准外，实际工作能力和专业背景也是衡量人才的重要内容。充分发挥人才在企业创新、发展过程中的作用是中兴通讯一直以来的人才管理理念。通过体制改革和机制创新，中兴通讯解决了员工"为谁而战"的困惑，将企业与员工紧紧地联系在一起，为员工尽心尽力工作提供了基础，推动着中兴通讯快速创新与发展。

3.1 理论基础

3.1.1 知识员工创新能力

在创新系统中，创新主要是通过新旧知识整合以解决现实问题的过程和结果。按照创新类别可以分为颠覆性创新的能力和渐进性创新的能力。按照知识属性被分为市场拉动创新能力、技术推动创新能力、设计驱动创新能力。按照知识流通模式分类，创新能力分为内部研发能力、知识转移能力、知识吸收能力和知识理利用能力。根据创新过程可以把创新能力分为产品创新能力、工艺创新能力、服务创新能力和管理创新能力。按照CDIO创新能力培养理念，又可分为构思能力、设计能力、实现能力和运行能力。

(1) 基于知识属性的创新能力

根据知识属性，Dosi 和 Nelson (1982) 提出了市场拉动创新能力和技术推动创新能力①。Verganti (2010) 认为，除了技术推动与市场拉动外，设计驱动是第三种创新能力②。按照技术推动模式分类，Jensen、Johnson 和 Lorenz (2007) 根据知识获取途径，提出了两种不同的创新能力，包括开放式学习的创新能力和内部研发的创新能力③。

在设计技术驱动创新能力方面，Verganti (2010) 认为，设计驱动型产品创新是产品语义创新带动创新，通过设计组合实现技术、社会文化和市场需求的匹配。设计能力不仅是企业家精神这一创新内在动力转化为产品创新行为的着力点，而且还可能是整合市场拉动、技术推动、文化驱动等外在创新动力的关键纽带，发挥着创新动力切换成创新能力的枢纽型作用。

(2) 基于知识流动的创新能力

按照知识流通模式分类，创新能力分为内部研发能力、知识转移能力、知识吸收能力和知识利用能力。March (1991) 认为，知识吸收能力包括探索性学习能力和利用性学习能力④，在大多数情况下探索性学习和利用性学习在时间上还存在先后顺序，这也佐证了知识学习是一个路径依赖的积累过程，技术创新是异质性知识聚变到临界点后产生质变的过程，质变的程度决定了技术创新是渐进式创新还是突破式创新，质变现象的产生领域则决定了技术创新是产品创新、工艺创新还是管理创新。

---

① Dosi G., Nelson R. R. Technological paradigms and technological trajectories [J]. Research Policy, 1982, 11 (3): 147 – 162.

② Verganti R. Design as brokering of languages: innovation strategies in Italian firms [J]. Design Management Journal, 2010, 14 (3): 34 – 42.

③ Jensen M. B., Johnson B., Lorenz E. Forms of knowledge and modes of innovation [J]. Research Policy, 2007, 36 (5): 680 – 693.

④ March J. G. Exploration and exploitation in organizational learning [J]. Organization Science, 1991, 2 (1): 71 – 87.

3.1.2 知识员工创新机制

(1) 节点的网络位置

表征节点网络位置的指标主要是节点中心性。节点中心性主要涉及程度中心性、中介中心性两类。首先,程度中心性用节点的度测量,是指节点与其他网络成员之间相联系的数量,度越大则该节点程度中心性越高,在知识网络中代表一个节点的社会凝聚力和认同度[①]。程度中心性越高,该节点更能获得最新的、更多数量和多元化的知识和信息,有利于知识转移、知识整合利用和创新实施,当该节点的关系又是跨越组织边界的时候,更有利于知识学习和创新绩效。其次,中介中心性用于表征该节点在网络中作为媒介的能力。在知识网络中,中介中心性越高的节点具有越强的知识传播影响力。

(2) 个体中心网络特征

个体中心网络是以某个节点为中心,与其所连接的节点共同形成小团体的网络结构,可以用网络密度测量,具体包括封闭式结构和开放式(结构洞)两种类型。开放式结构是指与中心节点连接的两个节点必须通过中心节点才能够发生联系,结构具有开放性;封闭式结构是指与中心节点连接的两个节点之间也存在着直接联系。在个体中心网络结构的研究中,知识网络理论最大的一个悖论是:一方面,很多学者实证发现开放性结构(结构洞)有利于及时连接更多元的知识源,从而更有利于激发创意和知识生产,但是存在一个前提条件就是节点之间必须保持强连接;另一方面,也有学者发现高密度封闭的网络结构,更有利于知识转移和知识整合利用。存在开放性和封闭性矛盾,本质上是个体中心网络密度和结构多元化之间的矛盾,所以,如何通过对学习过程和机制进行深度剖析,实现个体中心网络密度和结构多元化之间的动态平衡,成为学术界探讨的重要问题之一。

---

① Pierce J. L., Gardner D. G., Cummings L. L., et al. Organization - based self - esteem: coustruct defmition, measurement and validation [J]. Academy of Management Journal, 1989, 32 (3): 622 - 648.

还有一部分学者认为弱关系的数量与知识转化之间存在倒 U 型关系[1]，关系强度与知识转化之间也存在着倒 U 型关系，所以存在最佳的强弱关系组合[2]。

由此可见，知识员工与创新能力和创新绩效之间存在非常复杂且密切的关系。但是现有研究的前提假设是知识员工具有创新动力和创新精神，但事实上影响创新行为的因素最重要的还是工作态度，工作态度问题的研究可能比创新能力问题的研究更具有现实和理论意义，但此方向的研究很少，特别缺少知识网络技术发展背景下国有企业知识员工工作态度、创新能力与创新绩效之间的关联性研究。

3.1.3 创新绩效

创新绩效研究源于 20 世纪 80 年代创新管理学者对影响产品创新成功与否的要素进行了研究，在此之前，创新管理领域极少关注产品创新成败的测度标准问题。以往的理论研究只关注产品创新成功与否这一单一维度（主要是财务上的回报率），这对于创新成败的衡量是不够的，因为创新的成功可以有多个衡量标准，比如对市场的影响，对公司未来发展机遇的影响等。而不同的因素可影响产品开发结果的不同方面，对于产品创新绩效应该从是否满足技术要求、是否满足进度要求、是否满足计划的费用预算要求等方面考察。Lynn（2000）认为，企业的创新绩效主要体现在开发新产品数、专利申请数、工艺创新数、技术诀窍数等方面[3]。陈劲和桂彬旺（2007）采用四个方面的指标来衡量复杂产品系统（CoPS）项目绩效，具体包括产品销售收入与预期的增加、产品创新费用与预期的减少、产品完成时间与计划的提前、产品的质量达到或超过客户需求的期望[4]。创新绩效的高低直接影响企业所能创造的价值，Benedetto（2010）也从

---

[1] Zhou J., Shin S. J., Brass D. J., et al. Social networks, personal values and creativity: evidence for curvilinear and interaction effects [J]. Journal of Applied Psychology, 2009, 94 (6): 1544-1553.

[2] Maskus K. E., Milani S., Neumann R. The impact of patent protection and financial development on industrial R&D [J]. Research Policy, 2019 (1): 355-370.

[3] Lynn J. Fast Track - case study of rapid business growth - Brief Article - Statistical Data Included [J]. Entrepreneur, 2000 (12): 431-455.

[4] 陈劲，桂彬旺. 模块化创新：复杂产品系统创新机理与路径研究 [M]. 北京：知识产权出版社，2007.

财务结果的角度，提出了产品创新成功的测量标准[①]，该标准包括相对利润、相对销售额和目标销售额、利润及利润目标、盈利水平、投资回收期等五个指标。Devloo 等（2015）通过深入的实证调查研究，提出了采用总利润、新产品销售额、新产品销售利润、新产品高于原来产品的利润额等指标衡量创新绩效[②]。Hall、Miller 和 Millar（2017）研究认为，量化研发有许多指标，但最重要的指标只有一个，即欧盟在里斯本计划中采用的研发投入占国内生产总值的比重[③]。

3.1.4 创新绩效评价指标与方法

在组织员工创新绩效评价及评价指标方面的研究比较多，具有代表性的研究成果如下。Janssen（2000）构建了创新意愿、创新行为和创新结果三个方面指标，对创新绩效进行了测量和评价[④]。也有学者从创新投入角度对创新绩效进行了评价，比如 Hagedoorm 和 Duysters（2002）[⑤]、徐鹏、徐向艺和白费玉（2014）[⑥] 等学者认为，创新绩效的评价指标体系主要包括 R&D 投入、支出总额、专利、新产品数量等相关指标。还有一些学者从产出角度研究了创新绩效评价问题，比如 Wagner（2010）认为，应该从创新效益、创新效率和创新绩效三个方面对企业员工的创新绩效进行评价[⑦]。还有不少学者从其他角度研究了创新绩效的评价问题，比如解学梅（2010）指出，专利数、新产品数量和新产品销售比例是体现员工

[①] Benedetto C. A. D. Identifying the key success factors in new product launch [J]. Journal of Product Innovation Management, 2010, 16 (6): 530 – 544.

[②] Devloo T., Anseel F., De Beuckelaer A., et al. Keep the fire bumine: reciprocal gains of basic need satisfaction, intrinsic motivation and innovative work behavior [J]. European Journal of Work and Organizational Psychology, 2015 (4): 491 – 504.

[③] Hall K., Miller R., Millar R. Public, private or neither? Analysing the publicness of health care social enterprises [J]. Public Management Review, 2017, 18 (4): 1 – 19.

[④] Janssen O. Job demands, perceptions of effort – reward fairness and innovative work behavior [J]. Journal of Occupational and Organizational Psychology, 2000 (3): 287 – 302.

[⑤] Hagedoorn J., Duysters G. The effect of mergers and acquisitions on the technological performance of companies in a high – tech environment [J]. Technology Analysis & Strategic Management, 2002, 14 (1): 67 – 85.

[⑥] 徐鹏, 徐向艺, 白费玉. 母公司持股子公司管理层权力与创新行为关系研究: 来自我国高科技上市公司的经验数据 [J]. 经济管理, 2014 (4): 41 – 50.

[⑦] Wagner S. M. Supplier traits for better customer firm innovation performance [J]. Industrial Marketing Management, 2010, 39 (7): 1139 – 1149.

创新能力的主要指标①。孙善和林彭灿（2017）以高校的产学研协同创新项目为研究对象，构建了体现产学研项目参与者绩效的"协同绩效"指标体现和"隐性绩效"指标体现②。

学术界关于企业员工创新绩效评价方法的研究比较多，其中，数据包络分析（DEA）方法是目前学术界认可度和运用率都比较高的，是评价和衡量政策效率常用的一种量化分析方法，比如国内学者李发勇、李光金和张茂勤（2005）深入研究了数据包络分析模型在企业员工工作绩效评价中的应用方法，尤其是针对具体员工的工作效率评价时需要尤其注意的相关事项，给国内相关研究提供了很好的参考和借鉴③，吕明洁和陈松（2011）在数据包络分析模型的应用上也给出了很好的示范，他以上海市的高新技术企业的样本数据为基础，研究了上海高新技术企业员工的自主创新效率情况，从多个指标出发评价了上海高新技术企业的技术性员工在创新的规模效率和技术效率上与其他省份之间的区别④。聂鹏（2013）以我国环渤海区域的技术型企业为研究样本，运用数据包络分析模型实证分析了创新激励政策对企业创新效率的推动作用，对环渤海区域的科技创新激励政策绩效进行测算和量化分析。张秀峰、陈光华和杨国梁（2016）基于数据包络分析模型对我国不同所有制企业的产学研创新效率进行了测量和分析⑤。所以，本书参考李发勇（2005）、吕明洁（2011）等学者的研究，运用数据包络分析方法对国有企业知识员工的创新绩效进行评价。

---

① 解学梅. 中小企业协同创新网络与创新绩效的实证研究 [J]. 管理科学学报，2010（8）：51—64.

② 孙善，林彭灿. 产学研协同创新项目绩效评价指标体系研究 [J]. 科技管理研究，2017（4）：89—95.

③ 李发勇，李光金，张茂勤. DEA方法在员工绩效评价中的应用 [J]. 商业研究，2005（1）：1—4.

④ 吕明洁，陈松. 我国高技术产业政策绩效及其收敛分析 [J]. 科学学与科学技术管理，2011，32（2）：43—47.

⑤ 张秀峰，陈光华，杨国梁. 基于DEA模型的产学研合作研发效率研究：以不同所有制企业主导的产学研合作研发项目为例 [J]. 研究与发展管理，2016（5）：82—90.

3.2 国有企业知识员工创新绩效评价框架与方法

3.2.1 创新绩效评价框架

对于创新绩效的评价通常包括组织层面绩效、团体层面绩效和个体绩效三个方向，本书研究的主体是国有企业知识员工的创新绩效评价，因此属于个体层面的绩效评价。对于个体层面创新绩效评价的含义，学术界尚未形成统一的观点，其中认可度比较高的是从创新结果和创新行为两个方面测量个体创新绩效。企业员工的工作绩效评价可以用员工的工作结果进行衡量，员工工作结果与企业发展目标及客户需求满足情况之间存在密切关系。绩效结果界定不同，对员工绩效评价也不同，所以以结果为导向的员工绩效评价得到了不少学者的质疑，一些学者尝试从员工的工作行为着手对绩效进行评价。

绩效和行为具有相同的特点，是可直观观察到的企业员工的实际行为表现，这些实际行为表现与企业的发展目标密切相关，可以用员工的专业水平和工作熟练度体现。Borman（1993）认为行为绩效可以概括为任务绩效和关系绩效两个方面，其中，任务绩效是与规定行为或特定工作熟练程度有关的行为；关系绩效是员工自发行为或与非特定工作熟练程度有关的行为[1]。学者们认为员工绩效不是其工作成绩或目标的主要依据有：第一，工作结果虽然可以体现了员工在工作中的付出与努力，但是一些工作结果并不一定是个体行为所致，也有可能是组织行为或与工作无关的因素所致；第二，员工之间获得的完成工作任务的机会并不是完全相等的，他们的工作及行为表现也并不是完全都与自己的任务目标相关；第三，工作过程是工作结果的基础，没有过程就无从谈起结果，对于工作结果和产出

---

[1] Borman W. C., Motowidlo S. J. Eapanding the criterion domain to include elements of contextual performance [J]. N. schmitt & W. c. borman Personnel Selection, 1993 (7): 71-98.

的过分重视会忽略工作过程及人际因素，可能会在一定程度上对员工的行为产生误导。

科学的员工绩效管理和评价应该包含员工行为和员工工作结果两个方面，该种观点得到了国内外不少学者的赞同，比如 Brumbrach（1998）就认为绩效是指员工的行为和结果，行为是员工为了完成工作任务而切实表现出来的，它是产生结果的基本条件，同时其自身也是一种结果，是一种为了实现工作目标而付出的脑力和体力的结果，并且这种结果与工作产出结果存在一定差异[①]。我国学者姚艳虹（2013）同样认为知识员工创新绩效应该包含创新行动和创新结果两个方面内容。从行为和结果两个方向衡量国有企业知识员工创新绩效会更加全面、客观，对创新绩效的衡量也更具有认可度，所以本书借鉴 Brumbrach（1998）的研究成果，将国有企业知识员工的创新行为和创新结果同时纳入创新绩效的评价框架。

3.2.2　数据包络分析评价模型

（1）数据包络分析模型特性

1978 年，A. Charnes 和 W. W. Cooper 提出数据包络分析，数据包络分析的基础是相对效率概念，通过数学规划来分析理论统计数据，以确定决策单元的相对有效性，并做出决策单元最优投入产出的方案。

数据包络分析方法具备以下特点：

第一，权重不受人为因素影响。在数据包络分析运算过程中，权重是由系统的数学规划产生的，全程由计算机操作，不存在人为因素干扰，客观公正性较强。同时，为了使运算更简单方便，对投入和产出变量采用无量纲化单位。

第二，用于处理多投入和多产出的问题。数据包络分析方法是以传统处理一对一或多对一为基础，慢慢发展而来的，其处理多投入和多产出的问题更加便利，预设函数的认定和参数的估计无须再考虑。在 1988 年 ROLL 指出，要想达到结果的鉴别力，使用数据包络分析方法要使得投入指标是产出指标的两倍以上。

第三，鉴别无效决策单元及无效程度。效率结果都按照效率值的大小进行排序，有效前沿面是数据包络分析测量的效率的基础，其有效前沿面

---

① 赵国军. 薪酬设计与绩效考核全案（第三版）[M]. 北京：化学工业出版社，2020.

在实际中是可以达到的。

第四,获取资源使用情况的信息。根据数据包络分析中的效率分析、敏感度分析和差额变量分析,通过分析组织资源的使用情况,为决策者拟定仅供参考的方案。

(2) 数据包络分析 的基本模型

假设模型含有 n 个评价决策单元 DMU_j ($j=1, 2, \cdots, n$),DMU_j 相对的投入和产出向量分别为 $x_j = (x_{1j}, x_{2j}, \cdots, x_{mj})$ 和 $y_j = (y_{1j}, y_{2j}, \cdots, y_{sj})$,其中 $j=1, 2, \cdots, n$。$(x_j, y_j) \in T$,T 为生产可能集。BBC 评价模型如公式(3-1)所示。

$$\begin{cases} \min \theta \\ s.t. \sum_{j=1}^{n} x_j \lambda_j \leq \theta x_0 \\ \sum_{j=1}^{n} y_j \lambda_j \geq y_0 \\ \lambda_0 \geq 0, \quad j = 1, 2, \cdots, n \end{cases} \quad (3-1)$$

其中,x_0 和 y_0 分别为评价决策单元 j_0 的输入和输出数值。

该模型是用于检验评价决策单元 j_0 的 DEA 有效性。不同的生产活动所需的投入也是不同的,假设某项产出 Y 所需的投入为 X_1、X_2 两种。因为相同的产出所对应不同的投入比例,所以不同的比例投入的 DEA 有效性也是不同的。不同的投入方式 A、B、C、D、E 代表不一样的决策单元,达到创新有效才能位于前沿面上,即 A、B、C、D 点都达到了创新有效,而 E 点没有达到创新有效。想要使 E 点达到创新有效,只有减少一种或多种投入或增加产出两种办法,即到达 G 点。

由于 $(x_j, y_j) \in T$,在满足 (3-2) 式和 (3-3) 式条件时,(3-1) 式中的最优值为 $\theta_0 \leq 1$。

$$\sum_{j=1}^{n} x_j \lambda_j \leq x_0 \quad (3-2)$$

$$\sum_{j=1}^{n} y_j \lambda_j \geq y_0 \quad (3-3)$$

① 当 $\theta_0 = 1$ 时,它的经济含义是评价决策单元 j_0 在产出 y_0 保持不变的情况下,投入 x_0 不能再根据比例 θ 减少,换而言之投入 x_0 已是最小值,即决策单元 j_0 为创新有效。相应的是员工个体在保持原有创新绩效不变的情

况下，员工个体投入的创新行为和个体创造力是有效的，即投入是创新有效的。

②当 $\theta_0 < 1$ 时，它的经济学含义是评价决策单元 j_0 在产出 y_0 保持不变的情况下，投入 x_0 必须根据比例 $(1 - \theta^*)$ 减少才能达到创新有效，即决策单元 j_0 为创新无效。相应的是员工个体再投入原有的创造行为和创新力后会得到更好的创新绩效，即现有的创新绩效没有达到预想，总而言之，投入没有达到创新有效性。

3.3 国有企业知识员工创新绩效评价

3.3.1 DEA 模型构建

（1）选择评价决策单元

决策单元（DMU）是指可以将一定输入转化为相应的产出的实体，并且每一个决策单元都有 M 种输入和 S 种输出。决策单元有三个基本特征：拥有共同的目标和任务，拥有共同的外部环境，拥有相同的输入和输出指标，当决策单元同时满足这三个特征时即称为同质决策单元。本书所研究的对象是具有共同特征的知识员工个体，国有企业知识员工个体是数据包络分析方法的决策单元，它们是国有企业创新的主体，从事着与创新相关的工作，具有相同的工作目标和任务，所处的环境也很相似，且本书使用相同的量表对其创新绩效进行测量，所以可以认为本书的国有企业知识员工为同质性决策单元。

（2）创新绩效模型建立

在评价国有企业知识员工创新绩效时，以知识员工个体为评价决策单元，对投入和产出的比值关系进行定量的分析，即效率的问题。其中，投入部分是指创造力和创新行为，产出部分即创新绩效，专业技能、创造技能和创新动机是创造力的衡量指标；创意构想产生和创意构想实施是创新行为的衡量指标；行为绩效和结果绩效是创新绩效的衡量指标。综上所述，国有企业知识员工创新绩效评价模型是一个数据包络分析评价体系，它涉及了多投入和多产出指标。

（3）输入输出指标选择

①输入指标

创新技能是创造力的主要构成和内在基础，是知识员工创造力产生时所具有的能力，它主要由员工的认知、知识和工作方式等内容体现，所以在问卷量表中主要从这三个方面设置题项，知识员工的认知风格偏向创新型风格则具有较高的创造力水平，员工所掌握的知识水平及结构是对认知风格的补充，倾向于创新的工作方式更能促进创新想法和创新意识的产生。

领域技能是创造力不可或缺的重要外部条件，它是知识员工通过后天学习所获得的能力，主要可以从专业知识体系、工作技能、工作能力等三个方面体现。领域技能是对知识员工创造力重要的外在补充，创造力的源泉和动力是专业知识和工作技能，通过不断地学习和实践才能获得良好的学习悟性，而悟性是提升专业知识和工作技能的有力保障。

创新动机（任务动机）是知识员工创造力不可缺少的内在因素，它是指知识员工个体所具有的能够促进其创造力实现的能力素质，主要由工作态度和对工作的理解能力两个方面组成。工作态度决定了知识员工从心理上对创新的认识和重视程度，是促进创新动机实现的重要的个体内在因素，而对自己工作的理解力是产生创新动机的有力保证，只有对自己的工作有一个比较全面、客观的理解，在主观上才有动力去创新。从这两个方面设置题项对创新动机进行评价和测量能够较好地反映国有企业知识员工的创造力。

在工作中产生创新性的构想是知识员工开展创新工作和创新行为重要的前提因素，它主要体现为知识员工主动对工作中产品、流程、技术等内容及存在的一些问题提出新的想法和构思，寻找解决问题或改善工作的方法和机会。发现和思考日常工作中不常见的问题，寻找可以改善工作效率的机会，对工作中出现的问题提出自己的想法均是创新构想产生的重要体现，本书从此三个方面设置题项对国有企业知识员工的创新构想进行测量。

在存在创新构想的基础上付诸行动是知识员工实现创新目的的必备条件，没有行动的构想对创新行为没有任何意义，在创新构想实施过程中必须有相关资源和条件作为保障,要让创新行为对于组织运行和个人的提升处于常态化状态。对知识员工创新构想实施的测量可以主要从获得支持、执行构想及给组织带来的好处等三个方面着手。其中,获得的支持是指向组织或其他部门、机构寻求对创新想法、创新活动在资源和条件等方面的支持,执行构想是指知识员工是否在不确定的环境下实施相关创新想法,并对企业或组织产生有益的改变。从此三个方面设置题项对国有企业知识员工的创新构想实施进行测量。

②输出指标

数据包络分析模型中的输出指标主要是国有企业知识员工创新的行为绩效和结果绩效两个方面。国有企业知识员工创新的行为绩效主要体现员工个人为实现工作目标而付出的脑力、体力的行为范畴,在正式问卷量表中主要用创新性想法向实际应用的转化、推出新产品的速度、新产品开发成功率等5个题项进行测量。创新的结果绩效是评价国有企业知识员工创新行为的直观结果的一种方式,从知识员工创新给企业、产品、客户带来的效益状况方向进行衡量,本书正式量表中有9个题项对此进行衡量,这些题项反映了国有企业知识员工的创新状态及创新的可持续性。

3.3.2 创新绩效计算与分析

通过将问卷调研的国有企业知识员工作为创新评价模型的决策单元(问卷设计及数据收集过程详见第7章),以及涉及知识员工创新评价模型中指标数据全部带入DEA模型,具体计算结果如表3-1所示。

表3-1　　　　　知识员工创新绩效计算结果汇总表

效率区间	综合效率	技术效率	规模效率	均值	有效占比
(0.95, 1.00]	2.53%	17.64%	8.46%	—	—
(0.90, 0.95]	6.47%	23.97%	13.52%		
(0.85, 0.90]	14.22%	27.24%	20.41%		
(0.80, 0.85]	31.68%	15.62%	24.82%		
(0.75, 0.80]	18.42%	11.07%	15.26%		
(0.70, 0.75]	14.08%	3.63%	9.51%		
(0.50, 0.70]	12.60%	0.83%	8.02%		
综合效率	—	—	—	0.816	32.17%

续表

效率区间	综合效率	技术效率	规模效率	均值	有效占比
技术效率	—	—	—	0.907	41.40%
规模效率	—	—	—	0.885	30.70%

从表 3-1 中结果来看，国有企业知识员工综合创新效率落在（0.80，0.85］的占比最大，占比达到了 31.68%，高效率值的占比较低，落在（0.95，1.00］的占比仅为 2.53%，最低的仅为 0.513，最高的达到了 0.995。综合效率平均数值为 0.816，国有企业知识员工个人创新绩效之间差距较大，综合效率为数据包络分析有效的知识员工占比只有 32.17%，在同一个效率前沿面上的其余知识员工的创新效率较差，产出投入率较低。虽然这些知识员工都属于国有企业，但是彼此之间的创新效率差距却很大，所以我国国有企业知识员工的综合创新绩效比较低。决策单元在给定投入组合的前提下，所获得的最大产出即国有企业知识员工的技术创新效率。国有企业知识员工的技术创新效率落在（0.85，0.90］的占比最大，为 27.24%，落在（0.90，0.95］的占比也比较高，达到了 23.97%，所有知识员工的技术创新效率平均数值为 0.907，技术创新效率为数据包络分析有效的知识员工占比只有 41.4%，所以国有企业知识员工的技术创新效率比综合创新效率要高，但数据包络分析有效的占比不足一半，所以我国国有企业知识员工的技术创新效率并不高。规模创新效率又可表述为规模收益，是指在同等水平条件下各决策单元活动的开展是否在最合适投入规模下进行的。知识员工的规模创新效率值落在（0.80，0.85］的占比最大，占比达到了 24.82%。落在（0.85，0.90］的占比也比较大，达到了 20.41%。规模效率为数据包络分析有效的占比为 30.70%，数据包络分析无效的占比为 69.30%，规模创新效率无论是均值还是有效占比都比综合创新效率和技术创新效率低，所以我国国有企业知识员工的规模创新效率也很低。

总体看来，我国国有企业的知识员工的创新绩效整体水平比较低，提升国有企业的市场竞争力，需要着眼于知识员工创新绩效的提升，而创新激励政策是推动国有企业知识员工创新绩效的重要内容和手段，所以进一步探索各种创新激励政策对国有企业知识员工创新绩效的作用与影响状况，有助于政策供给方更加科学、准确地提供激励政策，进而更加有效地激发国有企业知识员工的创新潜力,提升创新绩效。

拓展阅读

国有企业改革是我国为了做大做强国有企业而推行的重大战略方针,不断推进国有企业改革有利于国有资产保值增值、提高国有经济活力和竞争力。

我国国有企业改革最早可追溯到改革开放初期,总体上可以划分为初步探索、制度创新和纵深推进三个阶段。国企改革是一个"摸着石头过河"的"试错"过程,是中央政府推动与地方政府实践相结合的产物,其本质上是为推动生产力与生产关系相互适应,以达到推动社会主义市场经济深入发展的目的,其核心内容是推动传统国有企业建立现代企业管理制度,以增强国有企业活力和经济效益。

2020年5月22日,国务院总理李克强在发布的2020年国务院政府工作报告中提出,提升国资国企改革成效,实施国企改革三年行动。9月27日,国务院国有企业改革领导小组第四次会议及全国国有企业改革三年行动动员部署电视电话会议在北京召开。会议指出,习近平总书记高度重视国有企业改革工作,多次作出重要指示,必须深入学习和贯彻落实。国有企业改革三年行动是未来三年落实国有企业改革"1+N"政策体系和顶层设计的具体施工图,是可衡量、可考核、可检验、要办事的[①]。国务院国有资产监督管理委员会将坚定不移地落实国企改革责任、抢抓重点举措、紧抓典型示范,切实提升国有企业改革的综合成效。

---

① 资料来源于中国政府网(http://www.gov.cn)。

第4章
国有企业知识员工工作态度与创新

独立思考能力，对于从事科学研究或者其他任何工作，都是十分必要的。在历史上，任何科学上的重大发明创造，都是由发明者充分发挥了这种独创精神。

——华罗庚

我坚持奋战五十余年，致力于科学的发展，用一个词可以道出我最艰辛的工作特点，这个词就是"失败"。

——[英]查尔斯·罗伯特·达尔文

天才是由于对事业的热爱感而发展起来的。简直可以说，天才就其本质而论，只不过是对事业、对工作的热爱而已。

——[苏]马克西母·高尔基

引 例

辽宁省在"大众创业、万众创新"的号召下，注重从国有企业一线员工出发，提升基层创新活力，积极培养、凝聚具有工匠精神的国有企业技术型员工。比如，2016 年，辽宁省总工会共出资 300 万元扶持 100 个省级示范性劳模创新工作室，支持和鼓励一线员工学习新技能、实现新创造，在推动企业创新效率提升的同时，也能够提升员工的工作热情和对企业的忠诚度。

2017年,中国石油天然气股份有限公司辽河油田分公司诞生了一套新的勘测系统,该系统通过给打井装备安装智能探头使得工作人员可以像医生给病人做胃镜一样清晰地了解地下油井情况,为更加安全、有效的地下开采工作提供了保障。这套系统是由辽河油田的青年技术员王冲和其他几名技术爱好者共同开发的。该新系统之所以能够被开发,除了精湛的专业技术、公司的大力支持以外,王冲等人的敬业精神、勤恳的工作态度也是必不可少。作为基层员工,王冲自进入辽河油田工作以来,一直以端正的工作态度、高涨的工作热情坚持学习新知识、钻研新技术,并于2015年在公司的支持下成立了自己的创新工作室。经过两年多的不懈努力,到2017年年底,王冲创新工作室已经有9名技术创新人员,累计完成各级创新项目28项,包括简易焊接技术、三维打印技术等在王冲创新工作室均得到了创新。以王冲为代表的技术型员工个人的创新在较高程度上推动了整个公司的技术创新水平和生产效率。

辽宁省还有相当数量的国有企业为了提升企业创新水平,从基层技术员工着手,鼓励和支持那些职业目标明确、职业态度端正的一线技术员工进行各类创新,推动这类员工的专业技能和创新能力在实践中不断提升。如果把团体重大科技发明比喻成企业的"大动脉",决定着企业的生命力和成长速度,那么来自基层员工个人的小创造、小发明就可以看成企业的"毛细血管",对企业的正常运转和旺盛生命力的维持尤为重要①。

4.1
国有企业知识员工工作态度与创新关系机制

4.1.1 态度理论下的知识员工创新绩效

不同领域的学者就态度如何影响行为及影响程度等问题进行了深入的

---

① 王炳坤. 辽宁:"全员创新"助国企员工长本事 [EB/OL]. (2017-03-11). http://www.ln.xinhuanet.com/xinhuajiezhe/20170311/3676611_c.html.

探讨和研究，其中一个重要的方向就是考察态度是否会对组织员工创新绩效产生影响。早期的学者已从理论上阐明了良好的工作态度有助于企业员工工作绩效的提升。此外，国内外学者普遍认为工作态度与工作绩效之间存在着内在的紧密联系，二者之间的关系并不是简单的一对一关系，而是一种比较复杂的关系。有了态度与行为的理论分析之后，学者开展了企业员工的工作态度对创新绩效影响的实证研究，虽然研究结果各有不同，但总体研究结论却均表明了员工工作态度可以促进创新绩效的提升。

不过，企业员工的工作态度对工作绩效的影响并不是企业发展和生存所依赖的全部。企业管理者必须想方设法调控企业员工工作态度朝着有利于企业的方向发展，企业员工对本企业的态度状况很自然地牵扯到了另一个问题，即如何才能有效调控员工工作态度呢？然而，态度并非天生就有的，它是个体在后期生活、学习和工作过程中，经过与社会其他人交流互动、相互学习而慢慢积累所获得的一种经验知识，也可以看成一种习得的心理现象或行为。态度只有形成之后才能反作用于外界客观事物，对社会、对他人、对组织产生作用。所以，态度并非也不会凭空出现，而是要通过一定时期的学习而逐步形成的。它作为一种反映的倾向，并不一定是从某一种行为中表现出来的。态度包含在一系列彼此相关的行为或者反映过程中，也就是说，态度是个体在遇到类似或相同的事物或客观事件刺激时所产生的不同反应的一致性或共同性行为。心理学家 Marshall Rosenberg 曾经用图解动态地描述了态度的内在心理结构的特征及其在社会刺激和个体行为中的作用，并明确指出它是刺激和反应之间的中间变量（刺激→态度→反应）[①]。

对于什么是工作态度？是指员工所持有的对工作环境等方面的积极的和消极的评价。员工对其工作环境等方面积极的和消极的评价究竟是通过什么途径影响工作绩效的？著名学者 Brayfield 和 Crockett（1955）采用问卷法、量表法和面谈法，研究探讨了员工工作态度和创新绩效之间的内在联系，研究发现，工作满意感很强烈的员工的创新绩效比较好，而对工作持消极态度、对工作环境等感到不满意的员工的创新绩效也可能比较好，也就是说，员工的工作态度和创新绩效之间并非存在直接的因果关系[②]。

---

① Rosenberg A. J. Can physicalist antireductionism compute the embryo? [J]. Philosophy of Science, 1997, 64（4）: 359 - 371.

② Brayfield A. H., Crockett W. H. Employee attitudes and employee performance [J]. Psychological Bulletin, 1955（9）: 189 - 223.

后来的学者对员工工作态度和创新绩效间的关系进行了更深入的探究，美国心理学家 David Myers 提出了员工工作绩效的计算公式，即工作绩效 = 工作动机×创新能力①。该公式在一定程度上反映了员工的工作绩效是由工作动机和创新能力两个方面因素相互作用而共同决定的。其中，创新能力因素是个体经常而稳定表现出来的心理特征，它的高低受到先天遗传因素的影响，也可以通过后天学习实践来改变。而工作动机因素是个体需求与社会环境相互作用而激发的一种内部力量，工作动机的强弱受到个体对事业、工作、同事等的态度的影响。通过员工工作绩效计算公式可以看出，两者互相依赖、互相联系，也可以看到两者之间还存在其他中介变量和前置因素。

通过以上分析，可以建立一个以态度理论为基础的员工创新绩效分析框架（见图 4-1）。在这个分析框架中，员工的工作动机是工作态度发挥作用的前提条件，在工作动机产生过程中，工作态度本身及其所引发的积极的工作态度和消极的工作态度决定了工作过程中表现出的创新能力，创新绩效则是这种创新能力的体现。从理论上讲，只要前提条件满足，这一分析框架适用于探讨不同性质、不同规模企业的员工工作态度与创新绩效的内在关系。可是，从文献调研来看，现有的"工作态度—创新绩效"的研究大多是针对私营企业的，而针对国有企业员工创新绩效的研究十分匮乏。因此，本章将着重运用这一分析框架探讨中国国有企业知识员工的工作态度与创新绩效之间的关系，通过实证研究揭示国有企业知识员工工作态度对创新绩效的作用机理、作用强度和作用路径。

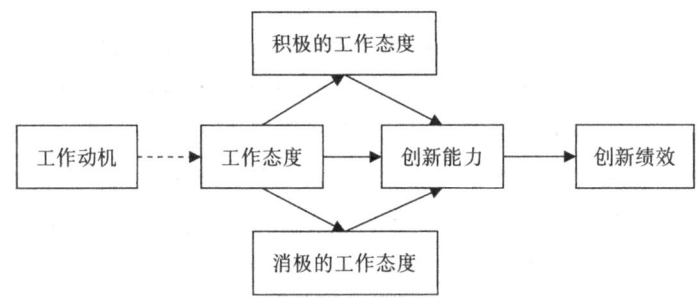

图 4-1 态度理论下的知识员工创新框架

---

① Myers D. G. 社会心理学 [M]. 侯玉波，译. 北京：人民邮电出版社，2014.

4.1.2 知识员工工作态度与创新绩效

国有企业人力资源管理中,知识员工已经成为一个非常重要的群体,特别是知识员工的创新绩效问题,在很大程度上关系到国有企业的竞争力。若能有效提升知识员工的创新绩效,不仅能提高其对国有企业的贡献度,还能够在很大程度上提升企业整体的创新绩效水平。从前文的文献调研可以发现,影响企业员工创新绩效的因素是多方面的。早在 20 世纪 30 年代,霍桑实验研究发现,高度的工作满意感能够带来较高的生产效益。在此基础上,心理学家 Herzberg 将员工的"满意—不满意"看成生产效益的重要标准,据此提出了著名的双因素理论[1]。Brayfield 和 Crockett 运用问卷法、量表法和访谈法,实证调查了很多企业员工在工作态度和创新绩效方面的关系,发现感到工作满意的员工表现出较好的创新绩效。David Myers 在研究中曾就员工的工作态度和工作成绩的关系提出了一个计算公式:工作绩效 = 工作动机 × 创新能力[2],这也表明了企业员工的工作绩效是由员工的工作动机和创新能力决定的。我国学者张兰霞、刘杰和赵海丹(2008)研究发现,企业员工的工作态度与其创新绩效之间是存在着显著的正相关系的。基于此,本书认为,国有企业知识员工工作态度对创新绩效具有显著的正向影响[3]。

伴随知识经济时代的到来,知识员工已成为国有企业的核心竞争力,如何吸引和留住知识员工、提高知识员工的工作满意度,已成为当今国有企业管理所面临的重要问题之一。工作满意度是企业员工对其工作一般态度的体现,即员工对工作本身及周围工作环境的主观态度和评价。企业员工的工作满意度与创新绩效的内在关系受到来自各个领域的学者的关注。Organ(1977)在对态度和工作满意度的研究过程中,也认同企业员工的工作满意度会影响到创新绩效的观点[4]。另外,Goodman、Rayman 和 Fer-

---

[1] Herzberg F. The motivation to work among finnish supervisors [J]. Personnel Psychology, 2010, 18 (4): 393–402.

[2] 周三多. 管理学 [M]. 北京:高等教育出版社,2012.

[3] 张兰霞,刘杰,赵海丹. 知识型员工工作态度与工作绩效关系的实证研究 [J]. 管理学报, 2008, 5 (1): 138.

[4] Organ D. W. Inferences about trends in labor force satisfaction: a causal–correlational analysis [J]. Academy of Management Journal, 1977, 20 (4): 510–519.

rell（2001）研究也发现，工作满意度与创新绩效存在着显著的关联①。Herzberg（2010）在"双因素理论"基础上，进一步深入研究发现，有的激励因子可以激发企业员工积极向上的工作意愿，从而使其创新绩效更高。基于此，本书认为，国有企业知识员工工作满意度对创新绩效具有显著的正向影响。

在当前激烈竞争的知识经济环境下，国有企业要想维持和提升自身核心竞争力，就必须对作为核心竞争力的知识员工进行科学的管理，培养知识员工对组织的忠诚度，提升知识员工的工作满意度，进而使其更好地工作和创新，实现国有企业的长久发展。组织承诺是企业员工对其所在组织的一种发自内心的认同态度和行为，是连接员工与企业的心理纽带。Meyer（1990）提出的组织承诺三因素模型受到国内外学者的广泛关注，组织承诺三因素即情感承诺（员工对组织的内在情感依赖、认同和投入）、持续承诺（员工对离开组织所带来的损失的认知）和规范承诺（员工对继续留在组织的义务感）②。我国学者凌文铨（2000）也在研究中提出了一个包括五个维度的组织承诺模型，即感情承诺、规范承诺、理想承诺、经济承诺和机会承诺。所以总体来看，国内外学者普遍认为，组织承诺在很大程度上能对企业员工的工作绩效产生影响。Dubin、Champoux 和 Porter（1975）通过进一步深入的研究，提出了组织承诺和创新绩效正向相关的观点，企业员工的组织承诺越高，其创新绩效也越高③。国内学者韩翼、廖建桥和龙立荣（2007）认为，企业员工的组织承诺总体上与其创新绩效是呈正相关关系的，也就是说高组织承诺水平能够产生高创新绩效④。所以，本书认为，国有企业知识员工组织承诺对创新绩效具有显著的正向影响。

---

① Goodman A. P., Rayman J. R., Ferrell D. The commercialization of career services: ethical considerations for practitioners [J]. Journal of Career Planning & Employment, 2001, 61: 21－27.

② Meyer M. Are patenting scientists the better scholars? An exploratory comparison of inventor-authors with their non-inventing peers in nano-science and technology [J]. Research Policy, 2006（10）: 1646-1662.

③ Dubin R., Champoux J. E., Porter L. W. Central life interests and organizational commitment of blue-collar and clerical workers [J]. Administrative Science Quarterly, 1975, 20（3）: 411－421.

④ 韩翼，廖建桥，龙立荣. 雇员工作绩效结构模型构建与实证研究 [J]. 管理科学学报，2007（5）: 62—77.

知识员工作为企业重要的人力资源，既是科学技术的发明者，也是科学技术成果的转化者，对国家和企业的发展都有着举足轻重的作用。如何使知识员工的工作精力全部投入本职工作上，进而为国有企业发展作出更大的贡献，成为国有企业人力资源管理者面临的重大课题。工作投入已经成为心理学、组织行为学的重要研究领域，它的提出不仅反映了学术界和管理实践对员工积极心理的重视，也表明了人们在管理实践中越来越重视以人为本的管理理念。工作投入能够反映企业员工在工作过程中的工作能力、对组织的认同感和专注的精力，具有持久性和弥散性特征。高水平的工作投入本质上可以看作一种积极的工作态度，能够在一定程度上提高创新绩效。此外，一些研究也表明，企业员工的工作投入与顾客满意度、生产力、利润率及企业整体绩效均存在显著的正相关关系。所以，本书认为，国有企业知识员工工作投入对创新绩效具有显著的正向影响。

4.1.3　知识员工创新能力的中介作用

从前文分析可以看出，员工工作态度与创新绩效之间有着密切的关系，大部分学者认为，对工作持积极态度的员工的创新绩效必然会高，反之亦然。但是，也有学者认为，员工工作态度和创新绩效之间并不是简单的一对一关系，其关系相当复杂。员工对某项工作是做还是不做、做好还是做坏、认真做还是不认真地做，这完全取决于态度。员工主观上不愿意做的事情总是完成得不好，主观上也往往不会努力。创造力成分理论指出，个人创新能力作为其创新行为的基础与动力源泉，其水平将直接影响到创新行为，对创新绩效具有显著的影响作用。已有研究也发现，个体创新能力的高低与其创新绩效之间呈现正向相关关系。创新绩效是外在的，创新能力是内在的。具有较高创新绩效的员工，通常创新能力也比较高，而创新能力较强的员工在创新绩效表现上也一定很不错。所以可以发现，员工工作投入对创新绩效的影响过程中，员工创新能力起到中介效果。基于此，本书认为，创新能力在工作满意度与创新绩效的关系中起到中介作用，创新能力在组织承诺与创新绩效的关系中起到中介作用，创新能力在工作投入与创新绩效的关系中起到中介作用。

4.2 国有企业知识员工工作态度与创新绩效关系实证

4.2.1 概念模型

本章从态度理论视角出发对前文所讨论问题进行实证分析，将国有企业知识员工工作态度划分为工作满意度、组织承诺和工作投入三个方面。为了更加细致地反映问题，将国有企业知识员工的创新绩效划分为突变式创新绩效与渐进式创新绩效两个维度。将知识员工的创新能力视为中介变量纳入分析框架，以深入地剖析知识员工工作态度对创新绩效的影响情况。构建国有企业知识员工工作态度、创新能力对创新绩效的作用框架，如图4-2所示。国有企业知识员工工作态度越好、态度越端正，越能够提高创新绩效。具体来说，国有企业知识员工的工作满意度越高、组织承诺越强、工作投入越大，就越能够提高知识员工的创新绩效水平。此外，国有企业知识员工工作态度除了对创新绩效绩效产生直接作用外，还会通过创新能力对创新绩效产生间接效应。

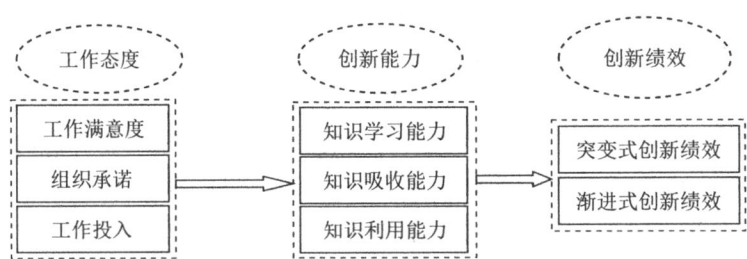

图4-2 国有企业知识员工工作态度对创新绩效的作用框架图

4.2.2 相关性分析

相关性分析是揭示两组变量之间整体相关性的统计分析方法。国有企业知识员工的工作态度与创新绩效均是由众多变量构成的，二者的关系不能用简单相关分析,而应该采用典型相关分析。基于问卷调研数据(问卷设计及数据收集过程详见第 7 章),利用 EViews 10.0 计算的具体典型相关性计算结果如表 4-1 和表 4-2 所示。

表 4-1　　　　　　　工作态度与创新绩效间的典型相关性

典型相关		测试剩余相关性是否为零:			
		Wilk's	Chi-SQ	DF	Sig.
1	0.858	1	0.066	696.945	204.000	0.000
2	0.559	2	0.249	355.417	176.000	0.000
3	0.531	3	0.363	259.625	150.000	0.000
4	0.429	4	0.505	174.987	126.000	0.003
5	0.350	5	0.619	122.850	104.000	0.100
6	0.317	6	0.705	89.335	84.000	0.325

表 4-2　　　　　　　　工作态度与创新绩效冗余度

Set-1 解释度		Set-2 解释度	
	Prop Var		Prop Var
CV1-1	0.341	CV2-1	0.261
CV1-2	0.226	CV2-2	0.102
CV1-3	0.066	CV2-3	0.050
CV1-4	0.040	CV2-4	0.053
CV1-5	0.034	CV2-5	0.031
CV1-6	0.054	CV2-6	0.058
Set-1 方差比例		Set-2 方差比例	
	Prop Var		Prop Var
CV2-1	0.251	CV1-1	0.192
CV2-2	0.071	CV1-2	0.032
CV2-3	0.019	CV1-3	0.014
CV2-4	0.007	CV1-4	0.010
CV2-5	0.004	CV1-5	0.004
CV2-6	0.005	CV1-6	0.006

从表 4-1 可以看出,国有企业知识员工工作态度与创新绩效间共提取 6 对典型变量,前 4 对典型变量间的相关系数通过显著性水平,后 2 对

未能通过。其中,解释力最强的第 1 对典型变量的相关系数高达 0.858,表明工作态度与创新绩效间确实存在着密切的相互依存关系。

4.2.3 验证性因子分析

在结构方程模型分析之前首先对工作态度、创新绩效等变量测量结果进行验证性因子分析。初始工作态度因子分析模型包含量表中所有 14 个指标,但是模型整体拟合效果不甚理想,仅有 PGFI 值、PNFI 值和 PCFI 值通过模型适配,一部分统计量没有达到适配临界值。

重新进行验证性因子分析,模型整体拟合效果得到了大幅改善,大多数拟合指标都已接近或达到适配标准,利用修正指标对模型做进一步修正,增列了误差变量间的共变关系之后,模型拟合效果达到了理想状态,各检验指标均达到适配标准。

图 4-3 为修正的知识员工工作态度验证性因子分析模型。图中的一阶因素构念与测量变量间的路径系数均为标准化回归系数,所有路径系数均达到 0.01 的显著性水平,且因素负荷量基本在 0.50 以上,测量变量能有效反映其要测量的构念特质。值得注意的是,3 个一阶因素构念(工作满意度、组织承诺、工作投入)的因素负荷量都很高,分别为 0.91、0.87、0.85,表明这 3 个因素在更高阶上聚合为同一个因素,它们实际上是测量了同一个潜变量——工作态度。

同样,对知识员工创新绩效也进行验证性因子分析。初始知识员工创新绩效验证性因子分析模型包含了量表中所有指标,然而,初始模型整体拟合效果很一般,像 RMR、RMSEA 等统计检验量没有达到适配标准。重新进行验证性因子分析后,模型整体拟合效果得到了大幅改善,大多数拟合指标已接近或达到适配标准,根据修正指标对模型做进一步修正,增列误差变量间的共变关系后,模型拟合效果基本达到了理想状态。

根据修正的知识员工创新绩效验证性因子分析模型(见图 4-4),一阶因素构念与测量变量间的路径系数均为标准化回归系数,所有路径系数均达到 0.01 的显著性水平,表示测量变量能有效反映其要测得的构念特质。值得注意的是,2 个一阶因素构念(突变式创新绩效和渐进式创新绩效)的因素负荷量都很高,这 2 个因素在更高阶上聚合为同一个因素,它们实际上是测量了同一个潜变量——创新绩效。

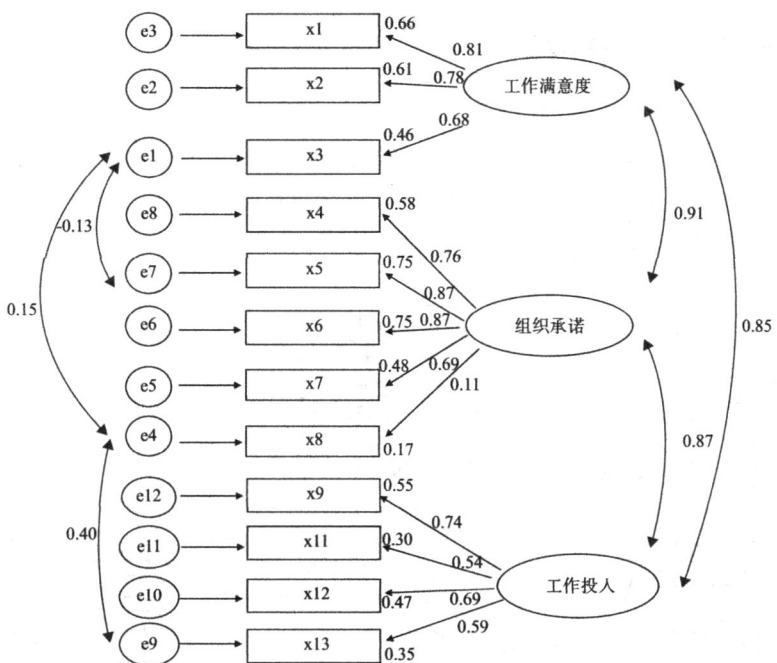

图 4-3 修正的知识员工工作态度验证性因子模型

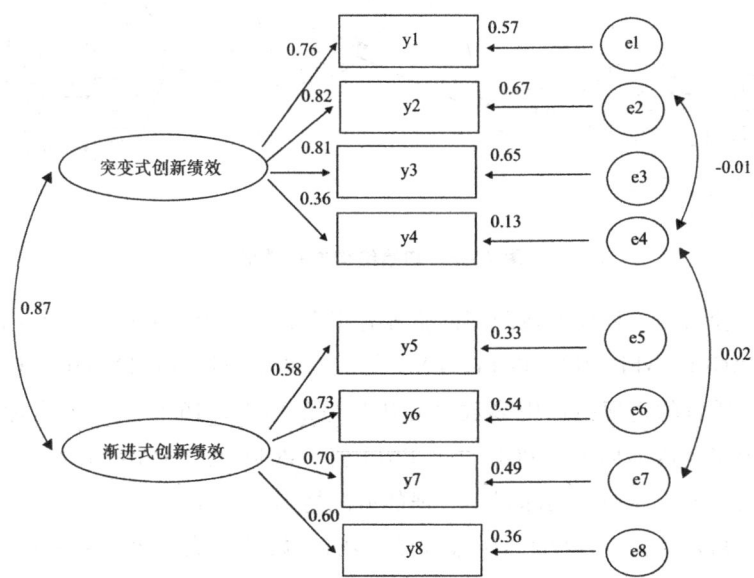

图 4-4 修正的知识员工创新绩效验证性因子模型

4.2.4 结构方程模型分析

（1）初始结构方程模型

构建国有企业知识员工工作态度与创新绩效关联性的初始结构方程模型，详见图4-5。该模型包含23个显变量和6个潜变量。e1至e23为误差变量，e24至e26为残差变量。

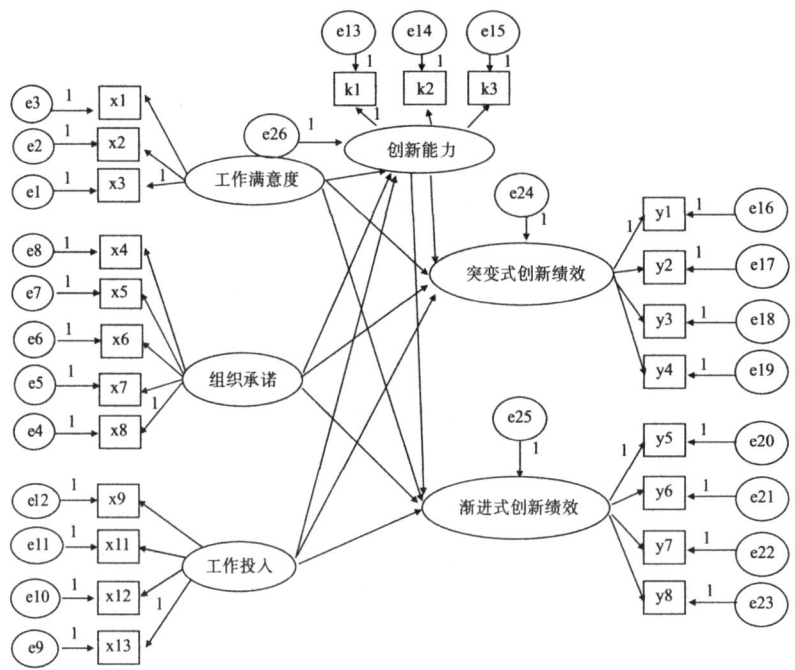

图4-5 初始结构方程模型

检验结构方程模型适配度的指标有很多，常见有RMSEA、卡方p值、GFI、AGFI、NFI、IFI、PGFI、PNFI等。在初始结构方程模型中，检验模型外在质量的适配指标中多数没有达到适配标准，16个适配度指标中只有4个完全达到标准（PGFI值、PNFI值、PCFI值和CAIC值），这说明初始结构方程模型与实际观察数据的适配情形有待提升。

从初始结构方程模型中各路径的影响系数及p值（见表4-3）可以看出，"突变式创新绩效←工作满意度"路径的p值远高于显著性水平，说明目前初始结构方程模型还存在一定问题，需要进行适当修正。

表 4-3　　　　　　　　　初始结构方程模型估计结果

影响路径			Estimate	S.E.	C.R.	p 值
创新能力	←	工作满意度	0.088	0.048	1.853	0.064
创新能力	←	组织承诺	0.288	0.111	2.598	0.009
创新能力	←	工作投入	0.193	0.043	4.537	0.000
突变式创新绩效	←	工作满意度	0.002	0.034	0.004	0.366
渐进式创新绩效	←	组织承诺	0.208	0.087	2.398	0.017
渐进式创新绩效	←	工作投入	0.592	0.224	2.640	0.008
突变式创新绩效	←	组织承诺	0.087	0.044	1.987	0.047
突变式创新绩效	←	工作投入	0.133	0.047	2.864	0.004
突变式创新绩效	←	创新能力	0.616	0.371	1.661	0.097
渐进式创新绩效	←	创新能力	0.942	0.058	16.154	0.000
渐进式创新绩效	←	工作满意度	0.061	0.295	1.562	0.118

(2) 修正结构方程模型

在初始结构方程的路径系数中，包括"突变式创新绩效←工作满意度"的路径系数 p 值远高于显著性水平，与理论分析不符，可能是概念模型设计不合理所致，可将不显著的路径或不合理的路径删除。参考精简后的结构方程模型参数修正指标值，删去不显著的"突变式创新绩效←工作满意度"路径，修正后的结构方程模型及适配度见图 4-6、表 4-4。

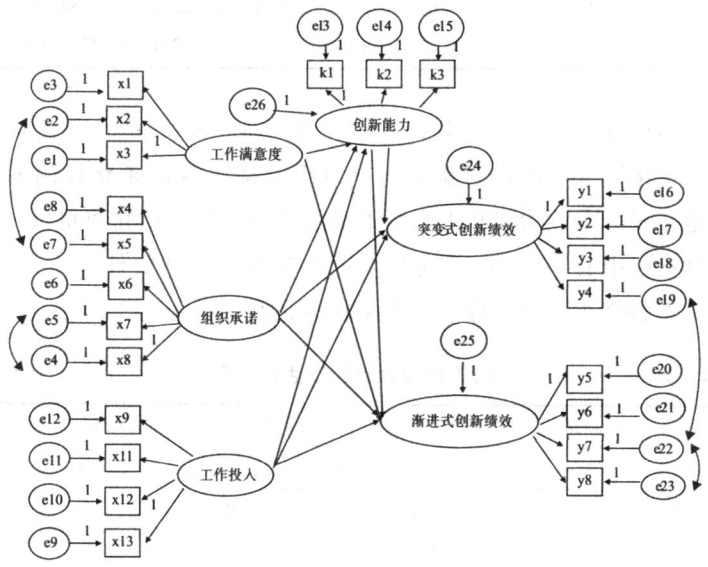

图 4-6　修正结构方程模型

表 4-4　　　　　　　　　修正结构方程模型适配度

统计检验量		适配的标准	检验结果数据	适配判断
绝对适配度指标	卡方值 p 值	>0.05	0.000	否
	RMR 值	<0.05	0.068	基本达到
	RMSEA 值	<0.08（若<0.05 优良）	0.074	是
	GFI 值	>0.90	0.894	基本达到
	AGFI 值	>0.90	0.884	基本达到
增值适配度指标	NFI 值	>0.90	0.757	否
	RFI 值	>0.90	0.717	否
	IFI 值	>0.90	0.820	基本达到
	TLI 值（NNFI 值）	>0.90	0.784	否
	CFI 值	>0.90	0.817	基本达到
简约适配度指标	PGFI 值	>0.50	0.617	是
	PNFI 值	>0.50	0.588	是
	PCFI 值	>0.50	0.642	是
	CN 值	>200	78	否
	卡方自由度比	<3.00	2.911	是
	AIC 值	理论模型值小于独立模型值，且同时小于饱和模型值	1904.32 > 1056.00 1904.32 < 5129.75	否
	CAIC 值	理论模型值小于独立模型值，且同时小于饱和模型值	2291.21 < 3487.86 2291.21 < 5277.13	是

修正结构方程模型路径系数显示（见表 4-5），除"突变式创新绩效←组织承诺""渐进式创新绩效←组织承诺"这两条路径的 p 值略高外，其他路径的系数均在 0.1 水平下通过检验，模型内在质量较好。模型的适配度指标中有 10 个达到或基本达到标准，模型的外在质量也较好。因此，本章将修正后的结构方程模型作为最终模型。

表 4-5　　　　　　　　　修正结构方程模型估计结果

影响路径			Estimate	S. E.	C. R.	p 值
创新能力	←	工作满意度	0.150	0.022	2.241	0.025
创新能力	←	工作投入	0.160	0.038	4.171	0.000
创新能力	←	组织承诺	0.244	0.116	2.101	0.036

续表

影响路径			Estimate	S.E.	C.R.	p 值
渐进式创新绩效	←	工作投入	0.653	0.254	2.568	0.010
突变式创新绩效	←	组织承诺	0.032	0.045	0.708	0.279
突变式创新绩效	←	创新能力	0.635	0.416	1.768	0.077
渐进式创新绩效	←	创新能力	0.743	0.057	10.665	0.000
突变式创新绩效	←	工作投入	0.115	0.045	2.576	0.010
渐进式创新绩效	←	组织承诺	0.043	0.102	1.314	0.189
渐进式创新绩效	←	工作满意度	0.227	0.094	2.420	0.016

注：根据修正后的结构方程模型路径系数整理。

根据修正结构方程模型路径系数得到表4-6所示的结构方程模型变量间影响路径效应，表中各效应值均为标准化的路径估计值。可以看出，影响路径可归为三类，即对创新能力、突变式创新绩效和渐进式创新绩效3个变量的影响情况。

表4-6　　　　　结构方程模型变量间影响路径效应表

影响路径			直接效应	间接效应	总效应
创新能力	←	工作满意度	0.150	—	0.150
创新能力	←	工作投入	0.160	—	0.160
创新能力	←	组织承诺	0.244	—	0.244
突变式创新绩效	←	创新能力	0.635	—	0.635
渐进式创新绩效	←	创新能力	0.743	—	0.743
突变式创新绩效	←	工作满意度	—	0.095	0.095
渐进式创新绩效	←	工作满意度	0.227	0.111	0.338
突变式创新绩效	←	组织承诺	0.032	0.142	0.174
渐进式创新绩效	←	组织承诺	0.043	0.166	0.209
突变式创新绩效	←	工作投入	0.115	0.102	0.217
渐进式创新绩效	←	工作投入	0.653	0.119	0.772

注：根据修正后的结构方程模型路径系数整理所得。

(3) 实证结果汇总

综上分析，前文理论分析提出的6个命题中，有4个命题得到了验证，是成立的，另外2个命题不成立（见表4-7）。总体来看，在国有企业知识员工工作态度的三维结构中，工作满意度和工作投入均对创新绩效产生显著的正向影响，组织承诺对创新绩效的影响不显著。在国有企业知识员工创新能力的中介作用方面，创新能力仅在工作满意度与创新绩效、工作投入与创新绩效的关系中起到显著的中介作用。

表 4-7　　　　　　　　研究命题检验结果汇总表

层次	命题内容	检验结果
层次一：国有企业知识员工工作态度与创新绩效的关联性	工作满意度对创新绩效具有显著的正向影响	成立
	组织承诺对创新绩效具有显著的正向影响	不成立
	工作投入对创新绩效具有显著的正向影响	成立
层次二：国有企业知识员工创新能力的中介作用	创新能力在工作满意度与创新绩效的关系中起到中介作用	成立
	创新能力在组织承诺与创新绩效的关系中起到中介作用	不成立
	创新能力在工作投入与创新绩效的关系中起到中介作用	成立

4.3 工作态度视角下国有企业知识员工创新效率提升措施

4.3.1 工作满意度提升措施

（1）建立有效的保障机制

知识员工的劳动属于复杂的脑力劳动，一般都具有较高的学历，学历获取过程中付出了很大的机会成本。另外，知识员工在完成学业以后想要有所创新，还需要长期的工作经验积累，更需要勇攀科学高峰的胆识和牺牲精神。形成科学研究劳动能力的时间周期长、成本高、风险大、成本回收期短，如果知识员工合理维持科技人员生产和再生产能力的收入都无法保障，对于社会价值观的冲击可能是巨大的。另外，知识员工为了维护知识分子的尊严，更看重自我能力的提升和家属子女的培养。以"要让科技人员和创新人才得到合理回报"为判断依据，制定分步推进知识员工薪酬体系改革方案，克服知识员工消极工作态度的滋生，解决科技劳动力价值与工资福利价格之间的扭曲问题，为激励知识员工创新动力奠定基础。

(2) 建立有效的激励机制

科学合理的激励机制是提升员工工作满意度的重要举措。激励机制既包括在工作过程中的激励,也包括根据工作结果所衍生出来的激励。工作过程中的激励主要包括给予员工更多的工作自由度,能按照员工自己的惯常工作方式工作。同时,管理人员可以对员工采用目标管理方式进行管理,科学合理的工作目标也会对员工产生激励效果。另外,在工作执行过程中,中高层管理者尽可能与员工多沟通,及时发现员工在工作中存在的不足或问题,针对这些问题给予辅导和帮助,为员工排忧解难,让员工能按照既定的工作目标工作。

根据工作结果衍生出的激励措施主要包括薪酬和培训机会、晋升机会等。目前,绝大部分国有企业基本实现了固定工资＋绩效工资＋福利的薪酬模式,其中绩效工资和福利是薪酬中的可变部分,绩效工资部分应按照绩效结果严格执行。福利部分则可更加个性化,比如福利采用核心模块＋自选模块的方式,年老员工可能对陪产假等需求较少,但对健康保险需求比较大,企业可以在自选模块中设置陪产假及商业健康保险等内容,年老员工除了正常的医疗保险外,还可以选择更需要的健康保险,这样既能遵从《中华人民共和国劳动法》的相关规定,又能满足员工的个性化的需要。

(3) 满足多元化工作需求

及时掌握并满足员工的工作需求,能有效提升员工工作满意度。有时管理者掌握的并不是员工真正的需求,因此,管理者应采用走动式管理、个别访谈、团队访谈、问卷调查等方式了解员工的真正需求,切实让员工有表达自己需求的方式和途径。管理人员需要认真对待这些途径,及时总结和整理员工的需求,不能流于形式。当管理者收集到员工需求后,应对员工的需求进行分析,对于员工正当的工作需求,管理者应给予员工及时回复,并积极组织资源尽量满足,甚至可以提出具体的时间节点,以示对该项工作的重视和决心。当所提出的工作需求超出组织能力范围时,管理人员也应给予员工回应,安抚员工情绪,并耐心解释原因,如此以显示组织对员工工作需求的重视,赢得员工更高的满意度和忠诚度。

(4) 提供多元化心理支持

管理者应当关注新生代员工的工作状况及生活状况,尤其要关注新生代员工的身心健康，为员工提供充分的社会和心理支持。长期从事同样的工作会让人产生倦怠心理，当这种心理积累到一定程度时，会影响员工心理健康，同时也会影响员工的工作效率。这就需要建立员工的社会支持系统，但目前员工的社会支持基本来源于家庭、亲属、同学及朋友等，同事及组织给予的社会支持很有限。所以，企业可以为员工提供社会支持，让员工获取的社会支持更加丰富。同时，企业也可以营造同事之间互帮互助的和谐氛围，建立同事之间的社会支持系统。此外，当员工出现心理健康问题后如何妥善处理，其中一项基本原则是不能歧视、更不能解雇问题员工。企业应该为员工提供更好的医疗条件和心理辅导，保留员工岗位，并尽可能全额发放员工工资，解除员工在治疗期间的后顾之忧。

4.3.2　组织承诺保障措施

（1）多主体参与绩效反馈

要建立基于提升员工能力的绩效反馈体系，需要多个部门相互配合，而不是单一人力资源部门的责任，因此必须在多主体间形成有效的职责分工体系。多主体参与到绩效反馈工作中，比如直接上级是员工绩效反馈的直接参与者，负责告知下属绩效评价结果、绩效差异等基本信息，同时与员工一起分析员工在该绩效周期内的绩效表现及绩效原因，并向下属提出基于能力提升和发展的绩效改进建议。员工本人也是绩效反馈的直接参与者，员工本人应该对绩效周期的绩效进行反思和总结，与直接上级一起查找问题，明确优势，制定个人能力提升措施及个人成长计划等。聘请第三方进行绩效评价，第三方负责汇总和处理被考核对象的绩效指标完成情况，第三方对员工在绩效周期内的行为表现评价更客观，可以向员工提供面向未来的绩效预警信息。财务部门主要职责是提供员工相关的绩效信息，比如业绩完成指标、成本收益指标等，为员工绩效评价提供量化的绩效信息，以便更客观、准确地评价员工绩效，为绩效反馈提供证据和数据。人力资源部门是绩效管理的主管部门，人力资源部在完成一个周期的绩效评价后，需督促各部门对员工绩效结果进行反馈，并要求相关部门结合企业发展及员工工作实际情况提出下一个绩效周期经营类目标。

（2）优化绩效反馈内容

选择合适的绩效反馈方式是绩效反馈有效性的前提，尤其是针对整个企业的绩效反馈而言，直线管理人员精力有限，需要人力资源部门从专业角度出发,为各部门设置符合该部门特点的绩效反馈方式,如团队任务员工则采用团队面谈反馈方式等。一般绩效反馈信息应包含三个方面内容:绩效结果信息、组织战略信息和个人能力信息。绩效结果信息是最直接反映该周期实际绩效结果的信息,比如考核等级、考核分数等,该信息可以作为判断员工的工作方法、工作方式等是否有效的重要依据。组织战略信息是战略绩效管理的核心要素,绩效反馈时应强化员工对组织战略的了解和认识,有意识地培养员工从组织战略的高度审视自己的工作行为是否符合企业的战略要求,促使员工调整工作行为以实现组织的战略目标。战略绩效管理中的绩效反馈是员工个人能力的开发导向,因此,根据绩效结果信息分析员工个人能力信息也非常重要。管理者应当根据绩效指标及与之对应的绩效结果,分析员工个人能力情况,和员工一起探讨员工个人能力问题,尤其是对工作产生影响的个人能力的优势和劣势。

(3) 健全员工培训管理体系

绩效管理中的绩效评价是基于能力开发提升为目的的,从绩效结果来识别员工能力与岗位的匹配性。当员工的工作能力不能满足工作岗位要求时,需要对员工进行培训,以求其能力与岗位匹配。员工培训是一项系统的工作,系统的员工能力培训体系应符合美国质量管理专家休哈特提出的PDCA循环,包括准备阶段、培训阶段、评价阶段和反馈阶段。准备阶段最重要的工作是培训需求分析,应由培训部门、主管负责人、培训工作人员等根据绩效评价结果,对员工的知识结构、技能状况等进行系统的鉴别和分析,确定需要培训的对象以及对象需要提升的技能。此外,还要确定培训的方式及方法等问题。对于一个企业来说,培训需求分析既是确定培训目标、设计培训计划的前提,也是后续培训评估的基础。要想取得良好的培训效果,培训过程中的方法也非常重要,培训中宜采用多种方法,比如讲授法、视听技术法、讨论法、角色扮演法、互动小组法、场景还原法等。另外,在完成阶段性培训后需要对培训效果进行评估,衡量培训是否实现了既定培训目标,即是否提升了员工的能力素质。与此同时,对培训效果的评价结果也要及时反馈,为下一轮培训提供经验和借鉴。

4.3.3 工作投入提升措施

(1) 优化工作内容

首先,丰富工作内容。新生代员工的特点是更加乐观、民主,更具创新精神，较之金钱，新生代员工更加注重工作本身带给他们的乐趣。在实践中，最初的工作设计是工作专业化，认为工作专业化可以提高效率，但工作专业化的工作设计理念对新生代员工适得其反，新生代员工的特点促使他们厌恶按部就班、枯燥乏味、一成不变的工作内容，他们更喜欢丰富多彩、具有挑战性的工作，他们希望自己的工作潜能得到最大限度的发挥。因此，通过工作设计丰富员工工作内容，可以有效促使新生代员工更加主动、积极地投入工作中，以提升员工工作绩效水平。

其次，合理设定工作目标。知识员工更喜好具有自主性的工作，他们希望根据自己的习惯及行为方式工作，合理设定工作目标，用目标激励员工工作，既能保证企业目标的实现，同时又能提高新生代员工的工作和生活质量。合理设定工作目标有两层含义：一是指设定工作目标的过程合理；二是所设定的工作目标的内容合理。设定工作任务目标的过程合理是内容合理的基础，过程合理是指在工作目标设定过程中，员工应参与到目标设定的过程中，而不是传统地由上级管理者直接指派。员工本人是最了解自己工作的人，对自己的工作目标最有发言权，因此，在设定目标的过程中征求员工的意见，有助于目标设定的合理性，同时，也能保证员工遵从目标的约定，按时、按质、按量完成工作任务。

（2）注重企业环境建设

良好的企业环境能改善知识员工的工作和生活质量，促使员工在工作中自愿投入更多的时间和精力。具体而言，企业环境改善包括企业硬件设施的改善和企业软件环境的改善两个方面。

首先，企业硬件设施建设。企业硬件环境主要是指硬件设施、工作场所布置等，新生代员工更加注重工作场所的环境质量，希望工作场所有更好的硬件设施。企业可以根据自己的实际情况不断改善硬件设施，例如，设置工作休息区，员工工作一段时间后可以在休息区放松，同时还便于员工之间的沟通交流；在工作区摆放花卉、绿植等；引入先进的工作设备，辅助员工更好地工作。

其次，企业软件环境建设。企业软件环境建设包括企业的管理方式、文化建设、员工管理等。其中，团队建设、民主化管理及员工的职业生涯规划对新生代员工的工作质量具有深刻影响。团队精神集中体现了协作意识、服务意识和大局意识。团队精神是凝聚团队力量、促使团队进步的内在动力。企业可以以团队任务的方式把新生代员工聚合在一起，实行优势互补、强强联合的团队模式，在发挥团队成员自我优势的同时，不断学习其他团队成员的长处，如此既能完成团队任务，又能实现团队成员的个人成长。民主的管理方式主要体现在管理决策和授权两个方面。对于一些重要的决策，尤其是与员工利益密切相关的决策，需要多听取员工的意见。员工可以通过直接参与及代表参与的方式参与到企业的议题决策中，以此激发员工的企业责任感。在授权方面，主要表现为中高层管理者基于对员工的信任，对下级进行授权，让员工能拥有一定的工作自主性。工作自主性包括工作内容、工作方式、工作方法等。通过提升工作自主性增强员工的主人翁意识，让员工感受到企业对自己的信任和肯定，继而提升对企业的忠诚度，更乐意投入更多精力到工作中。职业生涯规划是对员工未来职业发展乃至人生进行系统计划的过程。新生代员工进入企业，如果能在HR 部门的指导下清楚地认识到自己的职业理想和职业目标，并结合企业特点、行业发展趋势作好职业生涯规划，将企业发展与员工个人职业目标相结合，能使员工清楚地了解自己的成长和发展方向，工作将更具有目标性，同时也能最大限度地调动员工的工作积极性。

拓展阅读

2010 年 10 月 11 日，诺贝尔皇家学院宣布：美国经济学家彼得·戴蒙德（Peter A. Diamond）、戴尔·莫特森（Dale T. Mortensen），英裔、塞浦路斯籍经济学家克里斯托弗·皮萨里德斯（Christopher A. Pissarides）三位学者共同获得 2010 年度的诺贝尔经济学奖。瑞典皇家科学院表示，三位学者对"市场摩擦"的分析使得其可以得到该奖项，他们在研究过程中建立了"搜寻均衡理论"和"匹配模型"，即著名的 Diamond－Mortensen－Pissarides Model（DMP 模型），该模型在激励知识员工工作态度上有重要应用价值，有助于分析当前知识员工激励保障方面存在的问题。DMP 模型对劳动力市场中的"怪象"，即一方面社会上有很多人失业，而另一方面劳动力市场中存在大量空缺职位作了很好的解释。在现实生活中，无处不存在着摩擦现象。在企业创新的过程中，企业找不到合适的创新人才用恰当的创新方式生产设计创新产品，用以更好地满足消费者的真正需求；而个人则没有适合的机制、平台以供他们实施自己的创新想法，使企业明晰消费者的真正诉求。因此，两者之间的信息不对称现象使得双方的效益都受到了损失。网络众包模式就是通过网络的全球化、广覆盖，实现低成本的知识搜索和匹配。

阿罗—德布鲁范式以完全竞争市场为前提，认为市场中不存在搜寻摩擦，市场上的大量买卖双方都能够清楚地知晓商品价格和质量的全部信息，买卖双方无须搜寻即可找到交易对手，保持市场处于出清状态。但是，现实的市场是很难满足阿罗—德布鲁范式的假设前提的。现实交易中存在很多的摩擦：买方很难找到自己需要的产品，而卖方则无法成功地交换出自己生产的产品。摩擦存在的原因包括：买卖双方的异质性、相互的交易成本、不完全信心等。

20世纪70年代，由彼得·戴蒙德、戴尔·莫特森和克里斯托弗·皮萨里德斯三位学者提出的"搜寻均衡"和"匹配模型"对劳动力市场工人找不到工作而工厂又找不到工人的摩擦现象进行了研究。基准DMP模型主要涉及两个问题：第一，雇员和厂商是如何相遇及匹配的？第二，双方是怎样分配匹配租金的？

在DMP模型中，匹配函数是模型的关键步骤之一。DMP假设当劳动力市场处于均衡时，会有固定的L总量的劳动力搜寻工作，所有在职者以外生速率ϕ失去工作，而失业工人以内生速率α找到工作。DMP模型中的匹配函数的一般形式为$m = m(uL, vL)$，uL表示失业人数，vL表示空缺职位数，该函数是线性的非负递增的凹函数。匹配函数用来表示失业工人搜寻工作、厂商搜寻工人以及双方相互匹配的过程。在上述过程中，假设失业工人搜寻工作的速度为$\alpha = \dfrac{h(uL, vL)}{uL} = h\left(1, \dfrac{v}{u}\right) = \alpha(\theta)$，其中，$\theta = v/u$表示劳动力市场的紧缺程度。厂商搜寻工人的速度为$q = \dfrac{m(uL, vL)}{vL} = m\left(\dfrac{u}{v}, 1\right) = q(\theta)$，$q = m(uL, vL)$，显然，$\alpha'(\theta) > 0$，$q'(\theta) < 0$，$\alpha(\theta) = \theta q(\theta)$。劳动力市场越紧张，则工人越容易找到工作，厂商越难以找到工人填补空缺职位。

稳态要求劳动力市场必须保持均衡，即失业率保持不变。当从工人就业状态转为失业状态的人数为$\phi(1-u)L$等于失业状态转为就业状态的人数$\alpha(\theta)uL$时，此时处于稳定状态。并由此得出稳定状态的失业率为$u = \dfrac{\phi}{\phi + \alpha(\theta)}$。其中，$\phi$表示在职工人失业的速率。

DMP 模型的另一关键部分即工资的确定。该部分主要是分析失业工人和厂商是如何作出各自是否继续搜寻的决策以及双方如何通过讨价还价来确定最后的工资水平。在劳动力市场的 DMP 模型中，双方通过相对的议价能力达到纳什均衡解。通过联立三个方程组求解出均衡解：

$$u = \frac{\phi}{\phi + \alpha(\theta)}$$

$$y - w = \frac{(r+\phi)k}{q(\theta)}$$

$$\max_{w} \Omega = [W(w) - U]^{\beta} [J(w) - V]^{1-\beta}$$

其中，y 表示工人产出；w 表示工人工资；k 表示维持空缺职位厂商需要花费的成本；r 表示贴现率；J 表示该职位雇用到工人的预期现值；V 表示维持空缺职位的预期现值；β 表示工人讨价还价的能力，$\beta \in (0.1)$。

DMP 模型的提出对我们现实生活中的很多摩擦现象都给予了理论的解释。由于国有企业和知识员工都具有异质性，无法自主按照市场完全竞争条件达到需求与供给的均衡状态的。因此，需要提供一个透明的平台供双方获取信息，打破市场的异质性。在企业与个体匹配过程中，通过借鉴 DMP 模型，具体分析过程如下。

首先，假设在国有企业知识员工之前处于稳定状态时，有固定的个体数量 L，所有的个体都以相同速率 α 体现同样的工作态度。企业市场上的搜寻匹配函数用 $M = M(uL, vL)$ 表示。其中，uL 表示个体具有知识创新能力但没有机会运用；vL 表示国有企业的人才需求。匹配函数是一个规模不变的凹函数，而且是两个变量的增函数。上述匹配函数表示了个体搜寻和企业与个体之间相互博弈的一个复杂过程。个体提供高质量创新绩效的速率为 $\alpha = \frac{M(uL, vL)}{uL} = M\left(1, \frac{v}{u}\right) = \alpha(\theta)$，其中，$\theta = v/u$，表示市场中知识员工的紧缺程度，或者说市场上创新人才紧缺程度。国有企业以速率 ρ 招聘人才，$\rho = \frac{M(uL, vL)}{vL} = M\left(\frac{u}{v}, 1\right) = \rho(\theta)$，显然有 $\alpha'(\theta) > 0$，$\rho'(\theta) < 0$，$\alpha(\theta) = \theta \rho(\theta)$。可见，在供需平衡的人力资源市场上，知识员工较容易找到有人才需求的企业，而企业想寻找知识员工则并不容易。

其次，假设企业需要引进外部人员，则要保持整个人力市场和知识员工之间的均衡，必须使得外部知识员工数量等于企业招聘外部知识员工数量。此时，招聘外部知识员工的数量为 $\alpha(\theta)uL$，国有企业人才需求的数量为 $\phi(1-u)L$，另两者相等，得出人力资源市场在均衡状态下时，个体创新资源未被充分利用率：

$$\alpha(\theta)uL = \phi(1-u)L$$

解出，$u = \dfrac{\phi}{\phi + \alpha(\theta)}$

在创新人才紧缺程度 $\alpha(\theta)$ 给定的情况下，$u = \dfrac{\phi}{\phi + \alpha(\theta)} = 1 - \dfrac{\alpha(\theta)}{\phi + \alpha(\theta)}$，随着 ϕ 的增大，u 也随之增大，表明企业招聘人才难题的增加，企业招聘知识员工变得更加不容易。可见，不管是外部知识员工充裕或者紧缺，公司要找到合适的知识员工都不容易，所以激发内部知识员工工作态度，显得特别重要。

第 5 章

国有企业知识员工创新激励

我们会成为我们想做的人。

——[美] 厄尔·南丁格尔

用人不在于如何减少人的短处,而在于如何发挥人的长处。

——[美] 彼得·德鲁克

驱使或者说激励天才工作的,并不是什么新的思想,而是萦绕在他们脑中的那些已被人阐述过却又阐述得不够充分的思想。

——[法] 德拉克鲁瓦

引 例

习近平总书记在 2018 年 5 月 28 日两院院士大会上指出:"当前,我国高水平创新人才仍然不足,特别是科技领军人才匮乏。"[①] 我国科技人员和高技能人才占就业人员总量为的 6.2%,知识员工的供给严重不足。在知识员工供给不足、人力资源市场匹配效率不足的情况下,知识员工的激励问题显得尤为重要。马克思指出,劳动力价值是由两个因素决定的:

---

① 习近平. 在中国科学院第十九次院士大会、中国工程院第十四次院士大会上的讲话(4 全文完)[EB/OL]. (2018-05-28). https://baijiahao.baidu.com/s? id=1601709469694 295287&wfr=spider&for=pc.

一是由生产和再生产劳动力所必需的劳动时间决定；二是劳动力价值是由生产、发展、维持和延续劳动力所必需的生活必需品的价值决定。知识员工形成和维持复杂脑力劳动能力的时间周期长、成本高、风险大、成本回收期短，与普通劳动力存在巨大的差异性。按照知识员工形成复杂脑力劳动能力平均需要20年时间的成本估算，以及按照当前北京、上海、广州、杭州、宁波、温州、台州等主要城市的房价和物价等生活消费指数估算，形成和维持知识员工复杂劳动能力和再生劳动力的实际重置成本估算，两项成本合计至少20万元/年。在房价、物价等生活成本快速提高的大背景下，知识员工的福利工资待遇与劳动力价值出现了严重背离现象，形成收益严重倒挂的不好局面，可能是影响知识员工组织承诺、工作投入等因素的重要原因。优先重视保障要素，才能够为激励积极的工作态度奠定基础，进而提升知识员工创新绩效水平。

5.1 国有企业知识员工创新激励逻辑

作为社会经济的管理者和服务者，政府部门有义务也有责任通过制定各种规章制度和行政法规引导、规范社会经济主体的行为，使之朝着更好的方向发展，实现社会经济效益最大化。国有企业知识员工是社会创新与发展的重要动力因素，是政府部门的重要管理对象和公共服务主体，无论是从宏观理论角度，还是中观层面企业现实角度、微观层面的员工角度，政策制定者制定和实施相关创新激励政策以激发国有企业知识员工的创新积极性、提升创新绩效都有着充足的依据。

5.1.1 理论逻辑

（1）博弈理论

博弈理论主要探讨的是在利益互相影响的情况下决策参与双方为了获得最大效用而最优化决策行为的理论。知识员工的创新行为和政策制定者尤其是国有企业管理者的激励政策制定之间是一个博弈过程，实现各自利益最大化是双方博弈的最终目的。国有企业知识员工能否发挥最大限度的潜力、最有效地创新，取决于政策制定者能否制定和实施有效激励政策，能否有效地满足知识员工的利益诉求和自我价值实现。对于知识员工来说，最直接的博弈对象是国有企业，国有企业实施激励政策与否主要取决于知识员工在具体工作中合作与否，比如知识员工是否愿意创新、创新积极性是否比较高等，如果知识员工不合作、创新热情比较低，甚至不愿意留在企业工作，此时便会给企业带来一定损失。对于国有企业来说，其关注的重点是能否以对知识员工最少的投入激发其最大的创新绩效为基准，而知识员工则主要关注的是能否以对最小的付出获得最多的回报。国有企业若要取得最大化效益，知识员工尽职尽责和高效率的创新是必要条件，而知识员工如果不够努力甚至想寻找新的工作岗位则必然面临不可预测的风险及机会成本，二者始终处于一种博弈状态，所以需要寻找出一个能够同时满足知识员工和国有企业双方需求的规则，使知识员工和企业双方根据现实利益情况不断调整自己的行为，以达到博弈的均衡状态。这为政策制定者根据国有企业知识员工实际情况制定和实施创新激励政策提供了理论依据。

（2）组织变革与创新理论

政府部门作为公共服务者，旨在通过制定相关规章制度为社会经济主体提供有效的公共服务，推动社会经济组织更好地发展。同时，其自身也属于社会经济体系的重要组成部分，服务他人的同时，对其自身的组织管理也有要求。政府部门制定和实施国有企业知识员工创新激励政策是社会公共服务政策创新的一个表现，对其自身的管理能力和服务能力也需要变革和创新。作为社会体系的一种有别于企业的特殊组织，政府是社会制度变迁的重要参与者，无论是从政治角度，还是组织生命周期角度，政府的制度变革现象是一直存在的。Damanpour（1988）将组织创新解释为组织产生新想法和实施新行为的过程[1]。Damanpour将组织创新过程与创新结果相结合，认为组织创新主要包括新想法的产生和实施，该创新想法可以是生产新产品或提供新服务，也可以是新的组织成员管理方法和措施，该

---

[1] Damanpour F. Organizational innovaion: a mela - analysis of effects of deteminants and modcraors [J]. Academy of Management Journal, 1991 (3): 555 - 590.

定义强调了组织成员管理创新对组织发展的重要性，进一步拓展了组织创新的含义。此后组织变革与创新理论便开始在公共管理领域逐渐延伸，并且越来越多的学者将公共组织创新与通常概念下企业组织的创新区别开来，突出了公共组织变革与创新对社会经济发展的重要性。总之，组织变革与创新理论为政府部门在知识员工创新激励规章制度制定和实施的研究提供了基本思路和依据。

（3）新公共管理理论

新公共管理理论最初产生于 20 世纪 80 年代，主张政府部门在公共管理过程中采用私营部门的管理模式和竞争机制，重视公共管理的实际效果，强调政府部门工作人员在社会体系中的响应力，提倡运用更加灵活、有效的人员管理制度。弗里德曼和哈耶克提出的"小政府"概念为新公共管理理论的诞生奠定了基础。哈默和钱皮提出的流程再造理论强调了对政府部门的官僚制进行重新改造和超越，是新公共管理理论的重要发展步骤[1]。奥斯本（1996）则直接指出，公共管理部门应该在社会经济管理过程中放弃官僚制，更多地向私营组织学习，进一步扩大了新公共管理理论在公共部门的适用范围[2]。Thomas 和 Sillince（2009）认为，新公共管理理论的出现和发展推动了公共管理部门工作效率的提升，新公共管理理论的应用对于不断促进政府部门改革和创新也具有十分重要的价值[3]。在向私营组织学习的框架下，新公共管理理论对政府部门工作人员在社会体系中的作用和价值给予了高度重视，强调了通过激励制度变革能够有效提升公共部门工作人员的工作效率，尤其是创新激励政策可以激发公共部门工作人员的创新积极性，进而通过公共部门工作人员在社会体系中的响应力带动整个社会的创新积极性和创新效率。这为国有企业知识员工创新激励政策制定提供了理论依据，通过创新激励政策的制定和实施可以激励具有一定公共部门属性的国有企业中知识员工的创新积极性，进而提升整个社会体系的创新能力。

---

[1] 李爱民. 业务流程再造理论研究综述与展望 [J]. 现代管理科学, 2006 (8): 29—32.

[2] 丁煌. 西方企业家政府理论评述 [J]. 国外社会科学, 1999 (6): 46—50.

[3] Thomas D., Sillince J. A. A. Crossing boundaries: why hierarchical social order (almost always) persists over time when It is being challenged [J]. Egos Colloquium, 2009, 46 (4): 241 - 263.

5.1.2 实践逻辑

近十几年来，我国国有企业发展迅速，尤其是 2008 年金融危机以后，在国家宏观经济政策刺激下，国有企业发展势头强劲，营业利润增长速度表现得很抢眼。但是国有企业的这种发展状态并不是主要源于其自身内在生命力和市场竞争力的作用，而是主要得益于国家宏观经济政策的带动以及针对国有企业的各种资金补贴和优惠政策。随着我国经济刺激政策日趋理性化，给予国有企业的税收优惠刺激幅度开始收窄，国有企业的整体发展速度和营业利润开始回落，其核心竞争力不足的劣势逐渐暴露，尤其在新技术、新产品开发上的劣势表现得比较突出。所以多方面提升国有企业核心竞争力，尤其是在技术创新与研发能力已经成为国有企业进一步深入发展、提升市场竞争力的必然现实选择。企业创新能力的提升主要得益于企业内部所有员工的整体创新能力，而知识员工作为企业的创新主体力量，是国有企业整体创新能力的主要来源，所以吸引、留存知识员工并激发他们的工作效率是提升国有企业创新能力的主要渠道，给制定和实施适用于国有企业知识员工的创新激励政策提供了现实依据。

(1) 吸引企业外部人才

20 世纪 90 年代中后期开始，我国政府不再强制指定国有企业和大中专院校毕业生建立劳务关系，工作"分配"概念逐渐退出我国人才市场，人才招聘权下放给国有企业，国有企业可以根据自己经营发展的实际需要招聘员工，获得了招聘人才的自主权，同时社会人才也可以自由选择符合自己意愿的企业和工作岗位，企业和人才之间可以"双向选择"。这一政策给了我国国有企业自由选择人才的权利，但同时也存在一定弊端，国有企业此时必须通过自己的实力吸引和招聘人才，要参与到人才市场竞争中。

21 世纪以来，我国人才竞争越来越激烈，突出表现在三个方面。一是我国加入 WTO 以后，我国有机会加入世界市场的同时，也面临着来自世界范围内各种竞争力量，文化、管理、技术、知识等各方面均成为世界竞争力量争夺的对象。人才竞争自然也面临着世界范围的威胁，世界各国纷纷在我国设置分公司、分支机构等，这无疑增加了国内人才竞争整体激烈程度。二是市场经济体制的不断深入发展，非国有经济的市场活跃度明显增强，在整个国民经济体系中的重要性也在不断提升，涌现出一大批诸如联想、海尔、阿里巴巴等非国有企业,这些非国有企业依托完全自由、灵活的管理机制为其核心人才提供了明显高于市场水平的薪资待遇,吸引了大批优秀人才,这给国有企业人才招聘带来了很大阻碍。三是国有经济长期存在的双轨制原因,国家公共部门、事业单位的员工有着明显的"收入高、工作轻松"的优势,大量知识型人才优先选择进入政府管理机构、科研院所、公办高等院校等单位,这进一步挤压了国有企业人才可选择空间。

面对来自各方面的人才竞争压力,国有企业必须依托政府相关政策,了解知识型人才的特点,调整现有知识型人才的激励机制,满足知识员工群体的需求特性,提升高素质人才的吸引力,这是提升国有企业知识员工创新绩效的基础性步骤。

(2) 提升知识员工工作绩效和企业绩效

企业绩效的提升受到多种内外部因素的影响,其中,员工的工作绩效水平是其最重要的影响因素之一。而国有企业经营效率低下一直是我国经济体制的一大诟病,国有企业拥有来自国家的政策扶持和资金支持,占有着比非国有企业更多的资源,但其经济效益却比较低,其拥有的资源量与其产出并不匹配,不少国有企业处于亏损甚至临近破产状态。带来这种问题的最主要原因之一是国有企业人力资源管理方式存在问题,如企业员工工作积极性不高、人才结构搭配不合理等,甚至在一些国有企业内部存在"挂职""吃空饷"等现象,这都造成了国有企业员工整体工作绩效比较低下。

所以,现阶段必须高度重视国有企业人力资源管理,充分发挥员工工作绩效对国有企业绩效的带动作用,尤其是对知识型人力资源。国有企业以及对国有企业经营发展有一定责任和义务的政府部门必须思考如何通过制定和实施激励政策提升国有企业员工尤其是知识员工的工作业绩,提升国有企业的创新能力,进而带动国有企业的经营绩效提升。

(3) 留住知识员工

员工流动对于企业来说并不一定是坏事,它可以像血液循环一样对企业内部的员工进行新陈代谢,淘汰一些业务能力差,而流入一些业务能力比较强的员工,以增强整个企业员工的活力和竞争力。但如果员工流动太强,不但不利于企业的稳定发展,更重要的是一些具有较高专业水平的知识员工流失会给企业的技术更新、产品换代及企业的市场竞争力带来负面影响，不利于企业长期、稳定发展。

人力资源管理体系和用人机制是国有企业知识员工流失的重要原因，有较高业务能力和专业技术的知识员工无法有效发挥自己的才能，造成知识员工个人各方面的需求无法有效实现，迫使它们离开现有企业而寻求发展空间更大的企业。随着市场经济体制改革的不断深化，民营企业以及外资企业在我国得到了发展，对于人才的争夺也日趋激烈，非国有企业利用灵活、自主的人才政策吸引了大量创新型人才。而国有企业虽然拥有人才招聘的自主权，但是在具体的员工薪酬福利、职位职称评定等相关政策上却需要根据相关管理部门的政策制定，相对于非国有企业，国有企业现有的用人机制显得过于僵化陈旧，对高技术人才的吸引力远小于非国有企业，最终导致国有企业的知识员工选择"跳槽"至外资、民营企业，给国有企业创新团队的稳定、科研创新项目的持续性等带来负面影响。所以政策制定方必须高度重视国有企业知识员工尤其是具有较高专业技能的高技术人才的流失，通过制定、改革、调整现有国有企业人力资源管理制度和人才激励体系，满足不同类型、不同需求层次知识员工的需求，留住现有的知识员工，激发知识员工的工作热情，提升创新绩效。

5.2 国有企业知识员工创新激励类型

5.2.1 纵向维度激励类型

政策的纵向供给即为不同层级政策制定者针对统一内容和目标而制定和实施的相关政策，目前，国内学者关于创新激励政策的纵向供给的研究并不多，少数现有研究的观点也存在着分歧，例如，王敏，伊藤亚圣和李卓然（2017）将我国政府技术创新激励政策划分为中央、省级、市级三个层级[①]，

---

① 王敏，伊藤亚圣，李卓然. 科技创新政策层次、类型与企业创新：基于调查数据的实证分析［J］. 科学学与科学技术管理，2017（11）：20—30.

苏敬勤、李晓昂和许昕傲（2012）[①]在研究我国政府创新激励政策时，将创新激励政策粗略地划分为国家层级政策和地方政府层级政策，而王苗苗、李华和王方（2018）[②]则将政府的创新激励政策划分为中央政府、省部级、地市级和区县级四个层级，分别探索了不同层级创新激励政策之间的关系。虽然各学者关于政府创新激励政策层次的划分存在一定差异，但是总体来说，大同小异，都承认存在国家宏观层面的政策和地方性、区域性的政策。本书研究的对象是国有企业知识员工的创新激励政策，知识员工创新绩效除了受到来自政府层面创新激励政策的作用之外，企业层面的激励政策也必然会产生影响力，尤其是在我国社会主义市场经济环境下，国有企业的经营管理含浓厚的行政命令色彩和计划性，与非国有企业相比，国有企业的经营管理的行政性更强，各种经营管理政策对国家政府机关相关政策的继承性也更明显。所以，本书借鉴国内现有研究文献，在纵向上将国有企业知识员工创新激励政策制定划分为中央政府（包括相关部委）创新激励政策和地方政府（省、地级市）创新激励政策，增设一级国有企业层面的创新激励政策，构成国有企业知识员工创新激励政策制定的纵向维度。

5.2.2 横向维度激励类型

目前学术界关于国有企业知识员工激励政策的横向研究比较多，但对创新激励横向维度内容的划分尚未形成共识。一国或地区的经济发展水平、社会文化、制度环境、知识员工需求动机等方面的差异，会影响不同内容的知识员工创新激励横向政策的制定，所以需要充分结合国有企业知识员工创新激励机制以及我国现实国情等内容，对当前环境下国有企业知识员工的创新激励横向维度进行建构。

国内有不少学者针对知识员工激励政策的横向维度内容展开了研究。黄维德（2006）的研究发现，受教育水平、职称评定以及知识产权保护与知识员工的自主创新之间存在显著的正向关系[③]。杨从杰、杨廷钫和易

---

① 苏敬勤, 李晓昂, 许昕傲. 基于内容分析的国家和地方科技创新政策构成对比分析 [J]. 科学学与科学技术管理, 2012（6）: 15—21.
② 王苗苗, 李华, 王方. 大众创新创业政策发展评估: 基于政策工具、创新创业周期、政策层级 [J]. 中国科技论坛, 2018（8）: 25—33.
③ 黄维德. 上海知识员工自主创新研究 [J]. 上海经济研究, 2006（8）: 45—52.

贵明（2008）将知识员工的横向激励内容总结为经济性内容与非经济性内容两大类，其中，经济性内容主要包括工资、奖金等，而非经济性内容则主要包含个人发展、工作环境等内容[①]。侯成义和王周卫（2011）以航天军工类国有企业为例，将知识员工的横向激励内容归纳为个人发展、薪酬待遇、工作环境、工作自主、工作成就等五个方面[②]。张海涛和龙立荣（2015）基于对企业中高层干部的问卷调查数据探讨了企业知识产权保护对企业内部协同创新的影响[③]。荆炜和韩冬日（2016）利用计量经济模型实证了激励偏好、组织认同及产权保护对员工创新行为的影响效应[④]。栗晓云（2020）研究股权激励、知识产权保护及政府补助等内容的激励性[⑤]。各学者从不同角度对知识员工的横向内容进行了归类，虽然可以看出各学者构建的知识员工创新激励的横向内容体系存在差异，但是同时也存在较大的重复度，如薪酬、福利、环境、产权保护等内容得到了绝大部分学者的认同，此外职业和荣誉也是学者们认可度比较高的。所以在横向维度上，本书综合国内各位学者的研究成果，结合当前国有企业知识员工激励依据，将国有企业知识员工创新激励政策制定的横向维度内容归纳为薪酬、福利、职业、荣誉、环境和产权保护六个方面。

总体来看，国有企业知识员工创新激励政策包括纵向维度和横向维度，政策制定者通过这两个维度制定和实施激励政策作用于国有企业知识员工。所以，国有企业知识员工创新激励政策体系可以从纵向和横向上来搭建（见图5-1）。

[①] 杨从杰，杨廷钫，易贵明. 知识员工非经济性激励因素和激励效果研究 [J]. 科技管理研究，2008（9）：191—193.

[②] 侯成义，王周卫. 企业知识员工激励因素的因子分析 [J]. 西北工业大学学报（社会科学版），2011（1）：32—36.

[③] 张海涛，龙立荣. 领导风格与企业战略协同对创新气氛影响的内在机理研究 [J]. 科学学与科学技术管理，2015（6）：114—125.

[④] 荆炜，韩冬日. 激励偏好、组织认同与员工创新行为 [J]. 西北民族大学学报（哲学社会科学版），2016（5）：126—132.

[⑤] 栗晓云. 影响我国企业创新能力的若干创新政策的研究 [D]. 北京：对外经济贸易大学博士学位论文，2020（5）.

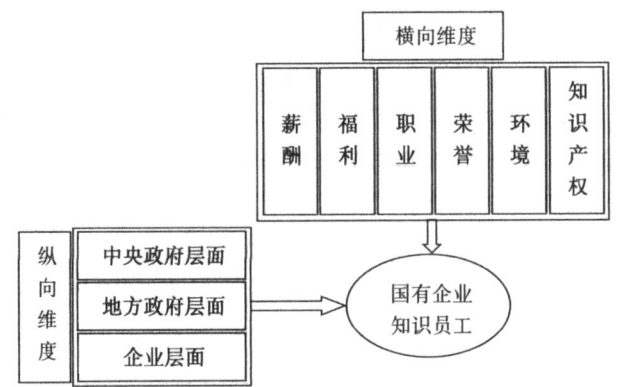

图 5-1 国有企业知识员工创新激励政策类型图

5.3 国有企业知识员工创新激励的纵向维度

5.3.1 中央政府层面创新激励政策

中央政府层面的创新激励政策包含范围比较广，国务院及科学技术部、国家发展和改革委员会、财政部、教育部等相关部委制定和出台的创新激励政策都属于中央政府层级的政策，在我国创新激励政策体系中均扮演着重要的角色。而科学技术部在我国中央政府层面的创新政策系统中担任着最重要的角色之一，它参与制定政策实施的占比最大，并且在创新政策落实的过程中起到了沟通部委的重要协调作用。

中央政府层面的激励政策是整个国有企业知识员工创新激励政策体系的领导性政策，同时也是其他层级政策的总政策和主导性政策，中央政府层级政策是决定地方政府层级、企业层面创新激励政策的纲要，它决定着其他层级政策的基本态度，是其他层级政策制定的依据和必须遵守的规则。中央政府层级的创新激励政策制定机制是以国务院为中心的分级、分部门的阶梯状决策结构，国务院享有普遍的政策制定权，它在宪法和法律的框架下,规定行政法规、规章、计划、决策和命令,它有权改变、撤销下设各部委发布的不适当的命令、指示和规章,同时也有权对各级地方政府制定的不恰当的决定、命令、章程进行修改或撤销。此外,各部、委、行、署等有行政管理权力的国务院机构在执行、辅助国务院决策的同时,它们自己也享有一定的行政决策权,可以在国务院政策框架下制定相关政策,它们也是中央政府层级创新激励政策体系的重要组成部分。

作为一个快速发展中的国家,科学技术创新、"科技兴国"一直是我国重点发展战略,在顶层设计上也一直备受重视。进入21世纪以来,中央政府及各部门出台了多种适用于国有企业知识员工的创新激励政策,这些创新激励政策在推动产业赶超、实现国家发展目标上起到了重要作用。为了提高对国有企业创新的支持力度、提升国有企业在我国社会创新体系中话语权、维护国家技术战略安全、促进知识员工创新能力有效发挥,近十年来,中央政府各部门陆续出台了多项适用于国有企业知识员工创新激励的政策和条例,如以下政策和条例。

2010年,我国制定了《国家中长期科学和技术发展规划纲要(2010—2020年)》,为激励科技型人才创新,发布了60条配套政策和70多个实施细则。

2011年国务院办公厅发布《关于进一步支持企业技术创新的通知》(国办发〔2011〕51号),引导企业进一步完善科技人员的收入分配和激励机制。

2012年中共中央、国务院印发了《关于深化科技体制改革加快国家创新体系建设的意见》,提出要健全科研经费投入机制,完善科研课题间接成本补偿机制,激发科技人员创造的积极性。

2012年的《关于印发〈国家高层次人才特殊支持计划〉的通知》(中组发〔2012〕12号),针对技术创新的杰出人才和领军人才设置了"国家特殊支持人才"称号。

2013年国务院印发《"十二五"国家自主创新能力建设规划》(国发〔2013〕4号),强调要进一步完善创新人才使用激励机制,逐步完善政府创新奖励体系,按照国家有关规定规范和鼓励社会力量设立创新奖项,表彰在创新活动中作出突出贡献的公民个人或者组织。

2014年国务院印发的《国务院关于改进加强中央财政科研项目和资金管理的若干意见》(国发〔2014〕11号)中指出,我国财政在科研项目和资金管理上要不断改进，完善激发创新创造活力的相关制度和政策，完善科研人员收入分配政策，健全与工作业绩、实际贡献紧密联系的激励机制。

2015年提出的"中国制造2025"战略，强调制造技术创新对国家整体创新战略的重要性，鼓励制造业领域的技术人才创新发明。

2016年国务院印发的《"十三五"国家科技创新规划》中提出，要通过多种激励政策引导创新型人才发挥创新力量。

2016年财政部、科技部、国资委联合印发《国有科技型企业股权和分红激励暂行办法》的通知（财资〔2016〕4号），对科技型国有企业利用配股和分红激励员工的措施提供了指导。

2016年国务院印发《"十三五"国家知识产权保护和运用规划》（国发〔2016〕86号），为国有企业知识员工创新，尤其是科技创新提供了又一层法律保障。

2017年人力资源社会保障部印发《关于支持和鼓励事业单位专业技术人员创新创业的指导意见》（人社部规〔2017〕4号），指出了应该在资金、技术等方面为事业单位技术人员的创新提供支持。

2018年科技部、国资委联合印发的《关于进一步推进中央企业创新发展的意见》（国科发资〔2018〕19号）中，明确指出了需要进一步推动中央企业科技人才队伍建设，加大对科技人才的创新激励幅度。

2018年中共中央办公厅、国务院办公厅印发了《关于分类推进人才评价机制改革的指导意见》（中办发〔2018〕6号）中，对人才评价机制和方法作出新的调整。

2019年科技部、财政部联合印发《科技部 财政部关于调整国家科学技术奖奖金标准的通知》（国科发奖〔2019〕7号），将给予个人的国家最高科学技术奖奖金由500万元/人调整为800万元/人，国家自然科学奖、国家技术发明奖、国家科学技术进步奖的特等奖奖金标准由100万元/项调整为150万元/项，进一步提升了对个人创新的激励幅度。

5.3.2 地方政府层面创新激励政策

在政策层级中，地方政府层级的创新激励政策是中央政府层级政策的具体化，其本质上是贯彻中央层级政策并与各地方国有企业知识员工实际情况相结合的过程。中央政府层级的创新激励政策具有指导性和领导性，地方政府在具体实施过程中需要对其进一步细化和具体化，需要根据中央政府层级政策制定更加详细的"细部政策"，其具体做法是在认真研究和解读中央政府层级的创新激励政策基础上，结合当地社会经济实际情况及国企知识员工的意见，制定和实施适合本地而又不违反中央政府层级的创新激励政策。地方政府层级创新激励政策的实施效果会在一定程度上影响到中央政府层级创新激励政策效果，地方政府在贯彻、执行及具体化中央政府层级政策过程中，会产生符合、歪曲甚至相悖的现象，使得中央政府层级政策的预期目标受到影响。此外，地方政府在贯彻、执行中央政府层级创新激励政策过程中往往还会出台一定的保障措施予以配套，以保障创新激励政策激发国有企业知识员工创新绩效提升目标的实现。

我国各级地方政府在国有企业知识员工的创新激励政策体系中的作用越来越突出，一方面，地方政府在参加中央政府创新激励项目的实施和执行中作出了突出的贡献；另一方面，地方政府因地制宜出台了一系列创新激励政策去促进本地区整体创新绩效的提升，不断增加科技创新对地方经济的支持力度。在协调各部门职能方面，地方政府各部门的横向联系强于纵向联系，这也是地方政府相较于中央政府更为有效的一点。地方政府层级的创新管理部门主要负责制定、修改、执行辖区范围内国有企业知识员工创新激励政策。

随着创新驱动发展战略的深入实施，近年来各地方政府出台了各种适用于国有企业知识员工创新激励的政策，例如：

2016年，江苏省印发了适用于科学技术型人才激励的"科技创新40条"政策，明确提出要加快推进产业科技创新中心和创新型省份建设，不仅强调了对国有企业知识员工的创新激励，也包含了对非国有知识员工的激励。

2017年，安徽省合肥市出台的"人才新政20条"，针对各类有突出贡献的创新人才给予购房、落户、安家费等激励政策。

2018年，浙江省出台的"科技新政50条""科技改革30条"，吸引和激励"互联网+"和生命健康两大领域人才，在一定程度上促进、激发了该产业领域内的国有企业知识员工的创新积极性的提升。

2019年，上海市出台了《关于加快建设具有全球影响力的科技创新中心的意见》，制定了创新型人才培养和评价机制，进一步强调了户籍政策对高素质人才的激励和导向作用。

2019 年，广州市印发了《关于进一步加快促进科技创新的政策措施》，强调了对港澳人才的保障机制，加强了科技创新人才的住房保障措施。

2019 年，南京市印发了《关于深化创新名城建设提升创新首位度的若干政策措施》，支持国有企业设立院士工作站、专家工作室等人才站点，强化国有企业的核心技术人才的聚集能力，由地方政府给予高额科研项目资助，提升对博士员工的住房补贴。

2019 年，杭州市出台《杭州建设国家新一代人工智能创新发展试验区若干政策》，对入选省市领军型创新团队的，给予最高 500 万元的项目资助，对顶尖人才和团队的重大项目实行"一事一议"。

2019 年，南充市发布了《关于促进省属国有企业创新发展的实施意见》，允许国有企业采用年薪制、协议工资制、项目工资等方式引进和培养高层次创新人才。

2020 年，广西壮族自治区出台了《关于加快推进国有企业人才评价机制改革的实施办法》，从人才的分类、评价及评价结果的应用等多方面出发，对国有企业人才评价和管理机制进行了变革。

2020 年，重庆市印发《重庆市引进科技创新资源行动计划（2019—2022 年）》，加大了对高层次科技人才的激励力度。

上述各地方政府出台的相关创新激励政策包含了创新氛围营造、创新人才引进，服务于创新人才的各类设施建设等多方面内容，对国有企业知识员工创新激励的内容广、力度大，能够有效激发国有企业知识员工的创新积极性的提升。

5.3.3　企业层面创新激励政策

知识劳动者作为企业组织的核心竞争要素，在企业创新活动甚至整个社会创新体系中都占据着无可替代的地位，知识劳动者是新知识、新技术创造、传播和应用的主体，也是现代社会化大生产的智力源泉。国有企业作为知识员工创新激励政策的重要供给者之一，会在政府部门相关激励政策的基础上，根据自身的实际条件和经营发展目标制定适用于本企业内部知识员工的创新激励政策，推动自身的自主创新能力的提升。

国有企业层面知识员工创新激励政策的制定有着多方面考虑：

①国有企业知识员工创新激励政策制定的内在动因是创造收益。国有

企业进行的一系列活动的最终目标都是实现利润最大化，其中包括创新活动。国有企业在开展独立实践与自主创新活动之前，首先要分析这一活动的利益因素，包括能否给企业创造收益，还是可以领先其他竞争企业。如果创新活动的开展有助于企业自身盈利状况的改善和预期目标的实现，那么国有企业便会积极地支持和鼓励这些创新活动的开展。而当有了一次创新成功的经验，并且给企业带来颇丰的利益时，国有企业便会更加积极、更加有动力进行绩效创新。创新活动给国有企业带来的利益和市场优势，是其制定和实施知识员工创新激励政策的内在动力。

②激发国有企业知识员工创新意识。企业创新活动的开展必须以创新意识为前提，而知识员工创新意识是构成整个企业创新意识的主要部分。对知识员工专业技能培养和提升是国有企业非常重视的内容，知识员工创新意识的培养也不可忽视。国有企业通过一系列的创新激励政策可以达到加强国有企业人力资源管理体系优化建设以及维持国有企业知识员工持续创新动力和创新积极性的目的，使知识员工在思想意识上认为创新是其日常性工作，也是其最主要的工作，并逐渐由个体创新向群体创新转移，这对于提升整个国有企业及整体社会经济体系的自主创新能力都有着非常重要的意义。

③完善国有企业考核制度，激发企业整体的创新热情。国有企业整体创新热情的激发需要从完善其考核评价制度入手，其中，知识员工考核制度的完善是最重要的部分，将创新成果作为主要内容加入考核体系内，有利于从源头上激发国有企业知识员工的创新热情。此外，增加国有企业知识员工创新绩效考核的工作强度，通过创新绩效考核推动创新动力逐渐由高层管理者向普通知识员工转移。最后，结合国有企业特点和实际情况，构建覆盖整个企业各个部门、各个岗位的创新绩效考核方法，激励国有企业整个知识员工群体的创新热情。

近年来一些国有企业制定了适用于知识员工的创新激励政策，例如：

2018年中国航天科技集团八院149厂为激励员工创新，自主投入5000万元课题专用研发经费，单列创新激励工资总额1000万元，用于课题重大节点专项奖励。

2018年中国宝武钢铁集团有限公司针对高层次技术创新员工实施股权激励政策，对公司整体业绩和持续发展有直接影响的核心技术人才和管理骨干根据贡献的不同给予一定数量的股权。

2019年大庆油田工程有限公司出台最新油田勘探类应用类技术创新奖励办法，最高奖励金额高达100万元，普通层次的应用技术创新奖励金额也在3万—10万元不等。

2019年安徽省能源集团有限公司制定和实施了针对高层次人才的引进和创新激励措施，除了给予最高达100万元的基本年薪外，对于符合条件的高端创新人才还提供120平方米以上的住房一套以及解决子女教育等问题。

2019年三一集团有限公司拿出超过8000万元资金专门用于激励公司内部员工技术水平的提升，对于符合技术认证条件的员工最高给予10万元的现金奖励，且每月还可以享受到不同额度的技术津贴。

2020年山西晋煤集团实施了人才引进办法，符合专业条件的博士人才一次性给予30万元购房补贴，并且3年内给予租房补贴3000元/月和生活补贴5000元/月，并且每年可以享受半个月的带薪休假。对于符合专业要求的双一流院校硕士研究生一次性给予10万元购房补贴，并且3年内给予租房补贴2500元/月和生活补贴2500元/月。

5.4 国有企业知识员工创新激励的横向维度

在人力资源管理全面报酬理论框架下，结合我国国有企业知识员工的激励现状，我国国有企业知识员工的创新激励政策横向内容主要概括为薪酬、福利、职业、荣誉、环境和产权保护等六个方面。该六个方面横向内容是当前我国社会经济及国有企业知识员工个人等多方面因素决定的。

首先，国家宏观经济发展水平是决定国有企业知识员工创新激励横向维度政策制定的重要因素。经济发展水平直接决定着国民享受到的医疗、卫生、失业及保险等公共保障水平。虽然我国在改革开放之后经济发展水平和速度取得了世界瞩目的成果，但我国人口基数大，国民人均产值依然比较低，相对于欧美地区发达国家，我国国民的社会保障体系不够健全。因此，知识员工才会寄希望于工作，希望通过自己的努力及工作绩效获得更多的物质回报，以弥补社会保障的不足。

其次，社会文化与价值观也对国有企业知识员工创新激励横向维度政策划分产生深远影响。此处的文化与价值观不仅仅是指知识员工所在的国有企业的文化与价值观，还包括所处的社会宏观环境及国民整体的价值取向。企业文化会在知识员工进入企业工作以后对其行为及组织价值观带来影响，它是一种无形的力量，是指企业中所有员工共同认可的行为方式、信仰及价值观，可以通过相关激励措施增强知识员工对国有企业的归属感与忠诚度，加强企业文化建设力度。优秀的企业文化能够促使国有企业知识员工对所在单位认同感的提升，强化知识员工个人追求与企业发展目标间的默契程度，知识员工的奉献精神也会因此有所提升。社会宏观环境能够潜移默化着知识员工人格及价值观，并且这种人格和价值观一旦形成便是根深蒂固、很难改变的。我国复杂的人文社会环境决定了政策制定方在制定创新激励政策时需要对国有企业知识员工的生活背景因素有所考虑。所以，政策制定者在制定相关创新激励政策时，国家及地域的社会文化环境、企业文化是重要的参考内容。

再次，知识员工个人需求内容是决定横向激励维度内容的最直接因素。随着年龄、家庭背景、社会环境等不断变化，知识员工的个人需求内容也存在差异，政策制定方需要在分析社会经济发展水平、社会文化与价值取向的同时，也要深入了解国有企业知识员工最真实的需求内容，制定和实施最有效的创新激励政策。现阶段我国的经济发展水平导致我国国有企业知识员工所能享受到的医疗、养老等社会保障水平有限，加之我国传统文化对知识员工价值观影响，使得我国国有企业知识员工的需求动机表现出以下特点：物质需求仍然表现得非常突出，知识员工希望能够获得与自己工作相匹配的薪酬和福利；精神需求非常重要，知识员工非常关注自己的职业发展与成长；同时，知识员工很看重工作内容的挑战性以及可能给自己带来的成就。

最后，知识产权保护也是横向维度内的一个重要内容。对于拥有更高需求层次的知识员工来说，知识产权不仅仅代表着可获得经济收入和职位，在很大程度上也代表着其在企业及整个行业内的地位和荣誉。知识产权保护是知识员工保护自身利益和荣誉的重要手段，对于知识员工的工作积极性和工作效率存在一定影响。

5.4.1 薪酬激励

薪酬泛指组织员工获得的可直接用货币衡量的报酬,是员工工作报酬的最主要组成部分,员工的薪酬包括基本工资、变动工资、奖金、股票期权等多种形式,而薪酬激励措施主要是针对各种形式的薪酬奖励方案。现代企业常用的薪酬激励机制是建立在以产权关系为中心的激励机制上,在固定工资的基础上根据员工的价值及贡献给予一定的绩效工资和奖金,并通过配股的形式给予其一定量的企业股权,让员工成为企业的股东之一,将企业的发展和命运与员工个人的切身利益相结合,激发员工的工作积极性。国有企业知识员工薪酬激励政策的供给主要也是从这几方面着手。基本工资给予知识员工为完成工作而付出的时间、精力的稳定性的经济报酬,它主要反映了知识员工为完成工作而具备的基本技能或能力,是知识员工最基本的生活来源和保障。知识员工变动工资水平的高低主要决定于其个人技能的高低、工龄长短等因素,对提升知识员工的忠诚度有着重要的因素。奖金是国有企业是为了激励知识员工超额完成计划工作量的奖励,一般有短期激励和长期激励两种,其中,短期激励主要有绩效工资、分红等,而长期激励主要体现在股票期权奖励上,是国有企业为了减少知识员工的投机行为和监督成本而实施的而一种激励措施,最大限度地将知识员工的个人利益与企业的整体利益保持一致。国有企业知识员工的薪酬激励措施需要结合不同国有企业、不同类型知识员工的实际情况而设定,有效的薪酬激励政策是获得绝大部分知识员工认可的,能够有效地对国有企业知识员工的创新态度和创新行为产生积极影响,能够有效提高其创新绩效。

5.4.2 福利激励

国有企业知识员工的福利主要包括带薪休假、保险、培训、退休金计划等具体内容,是政策制定者制定和实施国有企业知识员工具体福利激励政策的主要依据。定期为知识员工提供全面、合理的身体健康体检和心理健康咨询等福利,是保证知识员工以一种身心健全的状态投入创新工作中的基础。合理的退休制度能够降低、消除知识员工对未来尤其是老年时期生活的担忧,促进知识员工能够全身心地投入工作中,降低知识员工的流动性。针对知识员工的教育、培训福利是提升知识员工专业技能的重要方式,通过报销经费的方式鼓励知识员工进入相关高校、科研院所深造、学习以及参加一些与专业相关的讲座、论坛,为知识员工提供了充电的机会,在强化其专业技能、提升创新绩效的同时,还能够帮助知识员工实现职业发展上的需求,提升其对企业的忠诚度。

5.4.3 职业激励

国有企业知识员工的职业激励政策主要体现为政策制定方为知识员工提供的职业发展契机、职业晋升信息和渠道等。职业激励政策的实质就是激发知识员工通过实现自我价值的方式发挥其创新积极性,满足知识员工的高层次需要。政策制定方通过制定合适的职业激励制度激发国有企业知识员工的创新动机和创新行为,使知识员工的个人发展目标与企业及国家的发展目标一致,增强知识员工对企业、社会的责任感和使命感。国有企业需要通过相关文件的形式在知识员工入职之初向其传达、解读相关职业激励政策,让其准确、清楚地了解自己未来职业发展目标和轨迹,明确自己的职业奋斗目标。

5.4.4 荣誉激励

荣誉激励政策是政策制定方为国有企业知识员工作出的贡献而给予肯定和奖励的手段,如荣誉证书、奖杯、通令嘉奖、荣誉称号等。荣誉激励在我国各类企业、组织中都比较常见。荣誉激励属于对知识员工的精神激励,在国家的重视和积极倡导下,荣誉激励政策在国有企业知识员工横向激励体系中受到的重视程度越来越高。根据马斯洛需求层次理论,人有受到尊重和自我价值实现需求,而获得相应的荣誉奖励正是获取他人肯定与尊重、自我价值实现的重要体现。荣誉可以看成一个人自我形象的重要组成部分,它可以在社会群体中体现个人价值和贡献,把握荣誉特点,将荣誉激励政策融入国有企业知识员工创新激励政策体系中,是全面激发知识员工创新积极性的重要内容。国内不少学者对荣誉激励措施对员工工作效率提升的重要性给予了研究。例如,李柏洲(2002)指出,物质激励手段的激励效应存在一定限度,当物质激励效应达到峰值时应该将激励重点内容锁定在精神层面的荣誉激励上,以保持整个激励体系继续对员工发挥有效的激励作用①。李志和胡静（2007）研究指出，人的需要呈现多样化，精神层面的激励方式不可忽视，荣誉激励有时能达到意想不到效果②。因而，国有企业知识员工的创新激励政策制定方应该给予荣誉激励政策足够的重视。

5.4.5　环境激励

人际关系学派指出，工作环境是一种对企业员工思想、行为有显著影响的因素。本书环境概念既包括传统意义上的员工工作所必需的硬件设备和条件，同时还包括企业文化、人际关系、工作氛围及自主性等软环境。硬环境是员工完成工作、履行岗位职责所需的基础条件，企业文化决定着企业中绝大部分员工的行为方式和价值取向，而与领导及同事之间的关系则是员工开展正常工作所必需的心理条件，复杂且不健康的人际关系对于员工的精神状态、心理负担等会产生负面影响，和谐的工作氛围及宽松的自由度能够使得员工以一种更加轻松的状态投入工作中，对于员工的工作效果有积极作用。创新、研发工作是一种对员工专业技能、知识文化水平要求很高的工作，对基础条件和设备要求也很高，同时，创新、研发工作也是一种难度大、压力大的工作，对知识员工心理素质要求也比较高，所以，政策制定方应该充分考虑到这些环境因素，从基础条件的完善、优质企业文化建设、和谐的工作氛围及上下层关系等方面着手制定和实施国有企业知识员工创新激励政策。

5.4.6　知识产权保护

知识产权对于以创新、发明为主要工作的知识员工来说尤为重要，知识产权是从法律上对知识员工工作、创新成果的认定和确权，反映知识员工工作成绩的同时，也给予知识员工在升职加薪、寻找市场机会等方面更多话语权。尤其对于拥有更高需求层次的知识员工来说，知识产权得到保护不仅仅代表着其可获得经济收入，在很大程度上也代表着其在企业及整个行业内的地位和荣誉。知识产权受到侵害主要表现为核心技术或资源被

---

① 李柏洲. 论企业中的精神激励 [J]. 学术交流, 2002（1）：120—123.
② 李志, 胡静. 企业员工的非物质激励研究 [J]. 重庆大学学报（社会科学版），2007（1）：45—49.

他人盗取、无偿使用所用,一旦盗用者在未付出任何成本和精力的情况下获得相关技术和资源,则其便会以远低于合理水平的价格投入市场,造成市场恶意竞争,该技术或资源的原所有者的合法权益受到严重损害,其创造该技术或资源的积极性也会大大降低。所以,一直以来我国各层级政策制定者对知识产权的保护也非常重视,比如近年来在《关于强化知识产权保护的意见》《国务院办公厅关于推广第二批支持创新相关改革举措的通知》等中共中央、国务院出台的文件中均多次指出了知识产权保护的重要性,并要求要不断完善我国知识产权保护政策体系,使其激励创新的基本保障作用更有效发挥。2020年年底,习近平总书记在中央政治局第二十五次集体学习中强调:"创新是引领发展的第一动力,保护知识产权就是保护创新",并明确指出各级党委和政府要落实责任,各级领导干部要增强知识产权意识。这些政策和文件均反映了知识产权保护是国有企业知识员工创新激励政策的重要内容之一。

5.5 国有企业知识员工创新激励特征

5.5.1 国有企业知识员工创新激励的整体特征

进入 21 世纪以来,国有企业知识员工尤其是高层次创新型人才得到了高度重视,各级政策制定者提供的激励政策不断丰富,极大地激发了知识员工创新的积极性,为提升我国国有企业自主创新能力、促进经济社会快速发展提供了强有力的支撑。

总体来说,国有企业知识员工创新激励政策现状表现在以下几点:

①激励政策的制定逐渐强调以业绩和能力为导向。业绩和能力逐渐成为知识员工的评价和使用的前提,国有企业知识员工的创造性和积极性得到最大限度的激发,其在社会创新体系中的价值也逐渐得到了社会各界的高度认可,把他们引导到真心求学、提高能力和努力创新的轨道上。

②知识产权保护的重视程度提升。知识产权保护法规体系逐步完善,

国有企业知识员工创新成果保护和流转成为各级政策制定者重点关注的问题，让知识员工有效享受到创新带来的收益，极大地激发了他们的创新积极性，促进了我国整体创新能力和国有企业市场竞争力的提升。

③逐步加大了收入制度体系建设。在公平和效率的基准下，国有企业知识员工的收入分配制度改革进一步深化，收入分配法律法规得到进一步完善，国有企业知识员工尤其是具有较强创新能力的高端创新型人才的收入呈现多元化的上涨趋势。

④市场化人才流动和激励机制逐步形成。人才市场机制和功能不断完善，市场在人才资源配置中的基础作用不断强化，创新人才在国有企业、高校、科研院所等领域内的流动性加强，高层次创新型人才市场化激励机制建设力度提升。

5.5.2 国有企业知识员工创新激励的区域特征

我国地域广阔，不同地区在自然环境、人口、经济技术、历史文化等方面存在较大差异，各地区近年来围绕人才引进和激励不断结合当地实际情况出台各种创新激励政策，在国有企业知识员工创新激励上表现出了一些区域性特征。

(1) 东部地区创新激励政策特征

东部地区在国有企业知识员工创新激励政策制定上表现出了重视程度高、政策出台早、激励措施全面且力度大等特点。尤其强调以知识员工能力和业绩为导向的激励政策的供给，在知识产权保护政策上也是不断健全，知识员工的创新环境大幅度改善，创新积极性和创新效率显著提升。

东部地区部分省份早在2000年左右就已经开始制定和实施适用于国有企业知识员工的创新激励政策，而2006年左右相关创新激励政策开始大范围制定和实施，并且激励力度大，例如江苏、上海等地在2006年左右对于创新型人才尤其是高层次创新型人才的引进制定了给予一次性补助50万—100万元的奖励政策，对于符合特殊人才条件的还给予配套科研资助项目、家庭生活条件和工作条件的激励，激励效果明显。东部地区省份充分利用其在经济发展水平、教育基础、高校科研院所等方面的优势，坚持培养与引进相结合的激励措施，在相关政府部门的支持下，各国有企业纷纷与相关高等院校、科研院所合作，通过产学研合作的方式大力培养自己的知识员工的创新能力，同时还多渠道吸引海外高层次人才，给予优厚的薪资待遇和工作环境，激发高层次人才的创新动力。例如江苏省2013年以来一直在执行财政性人才专项资金占全省预算收入的4%以上的激励政策，并要求各级政府设立的针对高校、大型国有企业的人才展专项资金不得低于其财政预算收入的5%。2019年杭州市对于入选省市领军型创新团队的给予最高500万元的项目资助，对于顶尖创新人才和团队的重大项目实行"一事一议"制度。2020年上海市出台"青峰"人才政策，针对人工智能、集成电路、生物医药等领域的顶尖创新人才量身定制了激励政策，对于符合条件的创新人才最高可给予500万元的购房补贴。

(2) 中部地区创新激励政策特征

中部地区适用于国有企业知识员工创新激励政策制定的特征主要表现为重视程度一般、政策出台较晚、聚焦重点产业和重点城市，创新激励效果比较显著。中部地区适用于国有企业知识员工的创新激励政策大多学习和模仿东部各发达地区，尤其近年来中部地区对国有企业知识员工激励的重视程度逐步加大，江西、湖北、安徽等地均高度重视推进创新人才重点工程，加强产学研合作平台建设，财政性经费投入也逐步加大，积极营造创新发展的良好环境。通过制定合理的人才政策体系与工作机制，加强对国有企业知识员工创新的激励，加快人才专业结构、层次结构调整和紧缺型创新人才的培养与引进。例如，安徽合肥的安徽江淮汽车集团股份有限公司为了能够在新能源汽车生产技术上有所突破，针对此领域的高层次人才制定了大力度的激励政策，如对于符合条件的创新型人才给予股权激励、在合肥高达50万元的购房补贴等，充分激发了内部知识员工的创新激情。中部地区一些城市尤其强调高端创新创业人才和产业领军人才的激励，例如，2010年以来江西实施"赣鄱英才555工程"，2012年山西实施"高端创新型人才培养引进工程"，2017年安徽省合肥市出台的"人才新政20条"等。

(3) 西部地区创新激励政策特征

西部地区出台的适用于国有企业知识员工的创新激励政策主要为国家出台的一些扶持性的激励政策，重点加强高技能人才、医疗卫生人才、农村实用人才等各类应用型人才的开发，整体上创新环境一般，创新人才公共服务不健全，创新激励政策配套体系有待进一步完善，知识员工创新积极性的激发程度不高。西部地区的国有企业主要为资源开采、冶炼和农业、公共服务性企业，无论是地方政府还是企业主要是通过完善人才资源开发政策,充分发挥现有人才的作用,防止人才流失。通过与中部、东部地区的国有企业及相关机构合作培养人才,提升知识员工的创新水平,加快紧缺人才特别是高层次创新型人才的培养和引进。近五年来,西部地区的创新激励政策大多着重围绕其生态环境保护、资源开发利用和高新技术产业而制定,强调培养和激励重点领域、工程的创新人才。同时一些地方也在发挥自身优势,注重加强部分产业和领域创新人才的激励,例如,2014 年贵州为推动大数据领域产业的发展,制定了"计划 3 处投入 3 个亿"的激励措施,鼓励高校培养新一代数据研究人员和工程师等创新人才,并积极推动相关国有企业与高校、科研院所深度合作,并提供相关资源支持。

拓展阅读

新公共服务理论是在新公共管理理论基础上发展而来,尤其是在 20 世纪 90 年代末 21 世纪初,学术界在整合新公共管理理论基础上,进一步思考公共部门的社会服务价值,提出了"新公共服务理论"概念,并且在进一步研究新公共服务理论与公共组织设计理论之间关系的基础上,强调了前者是后者的进一步深入和发展,新公共服务理论也涵盖了公共服务组织变革的要义[①]

新公共服务理论将公民置于公共管理体系的中心,主张公民参与到公共管理过程中,并指出公共管理最重要的在于了解和满足公共需求和利益,而不是试图控制或引领社会需求。新公共服务理论为公共管理方向的研究提供了新视角,政府部门在社会创新及改革过程中应该秉承服务者的角色,体现其主持公共服务的价值,相对于一般概念下的企业组织,政府部门的创新和改革应该更加强调其公共服务属性。与公共服务相对应的政府职能、政府改革措施选择、政府创新政策等方面的研究都应该基于以"公民"为中心的特征,充分体现了民主与公平在现代公共管理中的地位,而公民参与则是实现公共利益的途径。政府的重要任务就是改进公共服务策略、提升公共服务质量、满足公共需求,把公共服务意识和公民优

---

① 李彦娅. 论新公共服务理论对新公共管理理论的传承与超越 [J]. 四川行政学院学报,2006(4):5—8.

先理念融入政府组织运作过程中。在民主、公平的原则下，将国有企业知识员工纳入社会创新体系中，充分体现其作为社会创新体系参与者的地位，而政府部门通过制定和实施适用于国有企业知识员工的创新激励政策，引导知识员工切实参与到社会创新过程中，是其作为公共服务者必须要承担的责任。

新公共服务理论的代表人物是美国公共行政学家罗伯特·B.登哈特（Robert B. Denhardt），登哈特1942年出生于美国肯塔基州，1968年获得肯塔基大学公共行政博士学位，登哈特以其在公共行政理论和组织行为理论方面的研究著称，尤其在领导和组织变革方面的理论研究尤为突出。在登哈特所著的《新公共服务：服务，而不是掌舵》一书中提出了公共管理的新模式，该模式强调让公民参与社区治理，体现公共服务满足公民需求，公共管理部门是一种服务者，而不是管理者或掌舵人。

第 6 章

国有企业知识员工激励与创新

不要容你自己昏睡,趁你还年轻力壮、血气方刚,要永不疲倦地做好事情。

——[俄]安东·巴甫洛维奇·契诃夫

一个人想做点事业,非得走自己的路。要开创新路子,最关键的是你会不会自己提出问题,能正确地提出问题就迈开了创新的第一步。

——李政道

既然像螃蟹这样的东西,人们都很爱吃,那么蜘蛛也一定有人吃过,只不过后来知道不好吃才不吃了,但是第一个吃螃蟹的人一定是个勇士。

——鲁迅

引 例

在国企改革大背景下,混改已经成为深化改革的重要突破口之一,有条件的国有企业进行混改将成为未来的必然趋势,开展员工持股,将员工利益与企业利益紧密地联系在一起,构筑利益共同体,减少代理成本,有助于充分激发员工的积极性和创造性。

四川路桥建设集团股份有限公司(以下简称四川路桥)主要从事交通基础设施的设计、投资、建设和运营等业务,是一家国有控股混合所有制企业。在资本市场上，四川路桥两次募资 40 多亿元，其中，国有股只占 45%，剩下 55% 的股份被其他股东持有。2015 年，四川铁投（四川路桥第一大股东）推进改革的重点主要放在二、三级公司。集团公司规模太大，民营资本介入，话语权很难保证。但对于二、三级公司，民营资本进入很容易平等对话，甚至可以轻松控股。四川路桥旗下有家交通工程公司，经理层持股 20%，公司员工持股 35%，国有股占 30% 多，这家企业的注册资本 10 年翻了 20 多倍，每年都盈利 2000 多万元，通过混改有效促进企业员工的创新水平和企业的经营效益①。

6.1
国有企业知识员工激励对创新绩效的整体作用机制

员工的激励是指组织在相关规章制度下通过制定、实施针对员工工资、福利等相关政策引导、激励、调整组织员工的行为方式，进而为改善和提高组织员工工作效果、实现组织发展目标的一种途径。如何挽留员工、激发组织员工潜在的工作主动性和创造性是激励理论研究的重点所在。围绕"人的追求"所形成的内容激励理论和基于个体目标工作考核的过程激励理论是目前学术界关于员工激励比较重要的两种理论。

6.1.1 内容激励理论

内容型激励理论主要从员工个人的需求出发，研究如何通过实现员工个人需求而推动其工作、创新积极性的一种理论，该理论强调，企业员工的工作积极性、工作主动性、受激励程度主要取决于员工各方面、各层次需求被满足情况，其中，马斯洛需求层次理论和奥尔德佛的 ERG 理论是内容激励理论中的典型代表。

---

① 资料收集整理自四川路桥建设集团股份有限公司官网（http://www.scrbc.com.cn）。

(1) 马斯洛需求层次理论

马斯洛需求层次理论指出，人的需求是存在多层次和高低之分的，由低到高可以将人的需求划分为生理、安全、社交、尊重和自我实现五个层次需求。其中，生理需求和安全需求是人的最基本需求，二者是人的所有需求中最容易被满足的。尊重需求和自我实现需求则属于高层次需求，是人在精神层面的追求。而社交需求则是介于基本需求和高层次需求之间的一种过渡型需求，是人们对参与社会交往和社会活动的追求。同时该理论还指出，人的需求是由低到高逐渐被满足的过程，当人的低层次需求得到满足后便会追求更高层次的东西，比如参与社会交往和自我价值实现等。同时马斯洛也指出，在特定时期个人的需求并不是单一的，有可能在同一个时期存在多层次需求，但居主导地位的需求往往只是某一种，其他层次的需求一般处于次要地位，而个人需求的满足状况则主要决定于主导需求被满足状况。比如，在特定时期追求个人职业安全时，也希望自己能够得到社会的尊重和实现自己在社会中的价值，但个人职业安全是其最急需的，安全需求得到满足状况越好，个人在特定时期的整体需求满足程度越高。国有企业知识员工与普通员工在个人能力、工作内容、岗位重要性等方面均存在较大差异，对物质和精神的需求也有所不同，通过制定不同内容的激励政策可以达到满足知识员工不同层次的需求，进而激发其创新积极性，提升创新绩效。

(2) ERG 理论

ERG 理论最早由美国组织行为学家奥尔德佛提出，他在需求内容上将人的需求分为生存需要（existence）、关系需要（realation）和发展需要（growth）三种。生存需求是人为了满足生存和生活的最基本追求，与马斯洛需求理论中的生理需求和安全需求相对应。关系需求是个人作为人类社会系统中的一员所具备的社会属性驱使的对与他人交往和建立社会关系的追求，类似于马斯洛需要理论中的社交需求。发展需要则是人在社会体系中为了获得一定的社会地位、尊重及职业成就而在工作、职业上的发展需要，和马斯洛需求层次理论中的尊重需要和自我实现相对应。ERG 理论与马斯洛需求层次理论有较高的相似度，都是从内容上对人的需求进行分类，但 ERG 理论对人类需求划分并没有强调不同需求间的顺序和高低层次，而是更多地强调人的需求是多方面且可能同时存在的。创新激励政策包含的丰富的内容，充分考虑了国有企业知识员工在这三个方面的需要，能够在具体激励内容上满足知识员工对生存、社会关系及个人发展的需要，刺激其更加积极、努力地工作、创造。

6.1.2 过程激励理论

过程激励理论主要强调了激励政策对员工活动激励的过程性，其主要研究如何从员工心理动机生成到实际行为实施过程中刺激他们工作积极性的提升。该理论主要包括期望理论、公平理论。

(1) 期望理论

期望理论又可以被称作"效价—手段—期望理论"，认为激励政策的激励力度可以表示为：激励力 = 期望值 × 效价。公式中的激励力即表示员工个体受到的激励程度的大小，期望值则表示员工个体在结合以往经验的基础上判断目标实现的可能性，效价是指员工个体对激励政策提供的相关有形、无形的奖励价值的评价。从公式可以看出，员工个人的期望值、效价增加时，其受到的激励程度也会增加，员工的工作积极性就越大。创新激励政策会给国有企业知识员工带来更多在物质、精神、心理上的利好，会提升他们对未来工作目标、生活目标、职业目标的期望，同时利好政策也会提升他们心理上的效价，进而能够提升他们受到的激励力度，刺激他们的创新积极性，进而提升创新绩效。

(2) 公平理论

亚当斯提出的激励公平理论强调了报酬合理性对员工工作积极性的重要作用。他认为，员工获取的绝对报酬水平可以影响其工作积极性，但不同员工之间获得报酬的相对水平也是非常重要的影响因素。员工会对报酬分配的合理与否产生心理上的反应，当员工觉得获得的报酬与其他员工相差无几，便会认为自己受到了公平的对待，便会更加努力地工作。而如果与他人的报酬差距较大时，会产生受到不公平待遇、收入与付出不对等的心理，情绪会比较低落，工作热情会下降，工作效率降低。创新激励政策制定强调在公平的基础上按国有企业知识员工创新成果给予各种奖励，公平性是政策制定与实施的基本原则，同时，激励成果的给予是按劳分配，多劳多得，也是社会财富公平分配的体现。如此，便可以通过相关激励刺激国有企业知识员工的创新积极性。根据以上分析，本书认为，创新激励政策有助于提升国有企业知识员工创新绩效。

6.2 纵向维度下的激励机制

国有企业是我国社会经济体系中的重要组成部分，相对于民营企业、合资或外资企业，这类企业受到政府政策的影响力更大，甚至可以说，这类企业的管理和运营是在国家及政府部门的管控下进行的。政府部门层级性的存在与国有企业知识员工创新激励政策层级特征的存在相对应，每一层级政策对国有企业知识员工创新绩效的作用机制存在相同之处，同时也存在差异，下面分别就不同层级的政策对国有企业知识员工创新绩效的激励机制进行分析。

6.2.1 中央政府创新激励政策与创新绩效

中央政府层级的创新激励政策是国有企业知识员工创新激励政策供给体系的最高层级。对国有企业知识员工创新绩效的作用主要从两个方面体现：

第一，通过在激励政策体系中起着纲领性和引导性作用，从激励思路、激励方向、激励主体内容等方面给予地方政府及国有企业指导，构建人才创新理念和制度框架。此方面又可以归纳为两点。其一，强调对知识型、创新型人才的重视，知识员工是企业的优质资源，同时也是企业创新成果获取的主要力量，现代企业的成功无一都对人才给予了高度重视。知识员工一般具有较高的需求层次，他们在追求物质财富及个人职业发展的同时，也会对个人生活意义、个人价值实现等进行思考和追求。当知识员工觉得现有的条件和环境已经达到某一标准时，便会自觉地将个人发展目标与组织发展目标相结合，在实现组织目标的过程中也实现了个人目标，满足了个人某一方面需求。中央层级的创新激励政策首先就是从理念上提高对知识员工的重视和尊重，将知识员工定位为国有企业发展与创新的主体力量，激发知识员工的需求向更高层次迈进，从心理上和主观上提升知识员工的创新积极性，进而提升创新绩效。例如，在《国家中长期人才发展规划纲要（2010—2020年）》中，强调和突出了技术型人才、创新型人才在"创新型国家"建设过程中的重要地位和价值，明确提出要"尊重知识、尊重人才、尊重创造"，给予了知识员工价值及社会创新作用高度认可，有助于激发知识员工的创新积极性。再如，国务院办公厅于2018年发布的《关于抓好赋予科研机构和人员更大自主权有关文件贯彻落实工作的通知》（国办发〔2018〕127号）中明确强调了"充分认识赋予科研人员自主权的重要意义"，指出应该给予科研人员、技术创新人员更多的自主、自由权利和空间，可以实施机动的工作时间安排，这为国有企业知识员工尤其是技术研发类知识员工的弹性工作机制的制定提供了政策支持。弹性工作制为技术创新类员工提供了一定的个人自由空间，该措施不仅充分体现了对人才的尊重，强化了员工对企业的忠诚度，同时也为技术创新类人才提供了更加宽松的创新环境，为其创新效率的提升提供了良好的氛围。其二，通过构建和完善创新激励机制和制度引导知识员工创新行为、激发其创新热情，推动创新绩效的提升。虽然现阶段我国国有企业对知识员工的重视程度都比较高，也具备适用于知识员工的创新激励机制，但总体上激励形式、方法较少，规范性有限，很难有效根据知识员工的实际情况和需要采用灵活的激励方式，难以达到理想的激励效果。中央政府各管理部门关于知识员工创新激励制度上的安排为其他政策制定者提供了创新激励政策的制定框架，有助于各方政策制定者进一步优化知识员工创新激励体系，有助于提升国有企业知识员工的整体创新积极性和创新绩效。例如，2016年中共中央印发的《关于深化人才发展体制机制改革的意见》中，强调了需要进一步完善和强化人才创新激励机制，从人才的管理体制、培养、评价、流动、激励机制及组织领导等多方面提出了相关改革措施，指导企业、组织、管理部门等政策制定者进一步优化知识员工激励体系，体现了知识员工创新激励在顶层设计上的重要地位，对于调动国有企业知识员工的创新积极性、激发创新潜力意义明显。

第二，具体的激励措施也是中央层级政策对国有企业知识员工创新绩效作用的表现，例如在薪酬、福利方面的激励政策上，设置有"国务院津贴"、各种奖项的奖金，国有企业员工岗位的"编制"以及在退休金、医疗保险等方面的规定。在荣誉方面设置有"国家最高科学技术奖""国家科技发明奖""科技进步先进个人"等国家级别的奖项。在员工职业发展方面，允许符合条件的国有企业员工和管理者调往相关政府机构工作，国有企业管理者职位与政府机构的科、处、厅等职位存在一定的对应关系等。中央层级诸如此类的具体创新激励政策从多方面激励着国有企业知识员工的工作积极性，有助于知识员工创新效率的提升。基于以上分析，本书认为，中央政府层级的创新激励政策对国有企业知识员工创新绩效具有显著正向作用效应。

6.2.2 地方政府创新激励政策与创新绩效

地方政府是国有企业知识员工创新激励政策的主体，国有企业对于地域经济发展的重要性决定了地方政府对其重视程度，这样决定了地方政府层级政策对知识员工创新绩效的作用力。地方政府一般会根据当地经济、科技、产业的发展需要，为提高当地自主创新能力而制定相应的创新激励政策，目的是鼓励国有企业知识员工的研发与创新。地方政府的创新激励政策对国有企业知识员工创新绩效的作用主要通过两个渠道实现，一是向国有企业施加作用力，通过国有企业的中介作用激发知识员工的创新积极性，二是直接通过相关创新激励政策作用于国有企业知识员工个体，调动他们创新积极性，提升个人创新绩效。

第一，地方层级创新激励政策主要通过成本效应、信号传递效应及产权保护效应三种渠道向国有企业施加作用力，刺激国有企业的创新积极性，进而推动国有企业制定和实施更加强有力的知识员工创新激励政策。其一，成本效应。创新过程正外部性的存在往往会使得企业的创新投入有限。而来自地方政府在税费上优惠和补贴、金融支持等激励政策可以降低企业的创新成本，从而促进国有企业加大研发投入和知识员工的创新激励幅度，优化知识员工创新环境和条件，提升创新绩效。其二，信号传递效应。创新的专业性使得市场与创新人才之间存在信息不对称，而知识员工获得了政府的创新奖励则可以看作对知识员工创新能力的认可，会向市场中传递相关信息，进而可以在一定程度上缓解人才与市场之间的信息不对称程度，有助于知识员工获得更多资源，在改善其工作条件的同时，更能够为知识员工的生活、家庭、工作提供更多保障，进而激发知识员工的创新动力，提升创新绩效。其三，产权保护效应。产权保护、专利奖励等措施是地方政府创新激励政策中的一部分，这意味着政府部门对创新、创造的高度重视。技术专利和知识产权是国有企业获得市场竞争优势的核心，是国有企业规避创新投入风险的重要保障之一，有助于国有企业加大创新投入力度，推动知识员工创新效率的提升。

第二，地方政府的创新激励政策对国有企业知识员工个体创新绩效的作用机制与中央政府层级政策类似，各地方政府为了刺激当地国有企业发展及地区创新能力的提升，均会出台一些适用于国有企业知识员工个人的激励政策，以提升地域范围内国有企业知识员工的创新热情和创新绩效。例如，在 2010 年安徽省出台的"皖江创新"21 条中，明确提出，应该给予国有及国有控股企业中作出突出贡献的科技人员和经营管理人员股权激励，这是安徽省在国有企业改革过程中出台的激发国有企业知识员工创新积极性的重要措施，并且在 2018 年发布的《关于深化国资国企改革的实施意见》中进一步强调了要扩大员工持股激励覆盖面，对于调动当地国有企业知识员工的创新积极作用明显。基于以上分析，本书认为，地方政府层级的创新激励政策对国有企业知识员工创新绩效具有显著正向作用效应。

6.2.3 企业层级创新激励政策与创新绩效

国有企业层级的创新激励政策对其知识员工创新绩效的作用机制有多种渠道实现，比如在上文提及的马斯洛需求理论框架下，国有企业通过制定针对不同需求层次的创新激励政策以满足存在不同需求动机的知识员工的需求，进而激发其创新热情，提升其创新绩效，在此不再详细赘述。知识员工的创新绩效是企业员工工作效率内容的重要组成部分，对此可以从企业的人力资源管理角度解析企业层面政策对创新绩效的作用机制，同时，知识员工的工作内容与一般非知识员工的工作内容存在一定差异，也可以从知识员工理论角度展开探讨。

（1）人力资本理论

"人力资本理论"最早是由 Theodore W. Schultz 于 20 世纪 60 年代提出，学者指出，人所具备的知识、技能等人力资本是通过投资而形成的，并且是组织运作效益最佳的一种投资，它主要依附于组织的知识员工[①]。该理论为国有企业的创新投入和创新激励政策的制定提供了理论基础，国有企业的创新激励政策是其人力资本投入的一种形式，而知识员工作为人力资本的主要载体，其创新绩效则体现了人力资本的投资回报率，知识员

---

① 资料来源于诺贝尔奖官网（https://www.nobelprize.org）。

工高创新绩效体现了国有企业的高人力资本投资回报率。换言之，国有企业对知识员工的人力资本投入换来的是高创新绩效，投入越多，对于创新绩效的提升越明显，所以国有企业的创新激励政策是推动知识员工创新绩效提升的重要力量。对此，国内外学者也进行了论证，比如 Zhu 和 Tann（2005）认为企业的领导者是企业整体创新的根本指导力量，领导者的创新精神和创新能力对其他员工的创新绩效至关重要[1]，因此，加大对企业领导者的投入和激励，能够提升国有企业其他知识员工的创新绩效。

（2）知识员工理论

知识员工理论最早由彼得·德鲁克提出，他指出，知识员工作为企业组织中的一类特殊员工，应该更多地强调通过给予学习和创新机会激励的重要性，以促进其工作主动性和责任心的提升。同时彼得·德鲁克还指出，由于创新工作的不确定性，知识员工的工作任务往往是不确定的，这给知识员工创新带来了难度，只有清楚自己的任务才能更有效地利用自己的精力和才能，所以主动权是知识员工工作效率提升的必备条件。彼得·德鲁克的观点给后来的学者提供了重要的研究基础和思路，后来的学者们关于知识员工的研究绝大部分都是基于此。此外，其他一些学者就企业激励政策与知识员工创新绩效之间的关系也进行了论证，比如 Amar（2004）认为企业制定的工作结果奖励与惩罚措施能够有效提升知识员工的创新绩效[2]。赖长林（2005）认为企业应该关注知识员工的个体发展，给予其充分自主权限，企业通过从这些方面制定激励政策能够有效提升知识员工的创新绩效[3]。寸晓刚（2010）认为知识员工有别于普通员工，其工作内容的复杂性和难度决定了其存在价值要比普通员工高，其需求层次也比普通员工更高，企业给予创新激励政策对于知识员工激励效果的作用也会更明显[4]。基于以上分析，本书认为，企业层级创新激励政策对国有企业知识员工创新绩效具有显著正向作用效应。

---

[1] Zhu D., Tann J. Argional innovation system in small sized region: a clusting model in Zhong Guan Cun Science Park [J]. Technology Analysis & Strategic Managerment, 2005 (3): 375–390.

[2] Amar A. D. Motivating knowledge workers to innovate: a model integrating motivation dynamicond accidents [J]. European Journal of Innovation Management, 2004 (2): 89–101.

[3] 赖长林. 关于知识员工有效激励模式的思考 [J]. 求实, 2005 (2): 230—231.

[4] 寸晓刚. 知识员工的工作激励框架探讨 [J]. 科学学与科学技术管理, 2010 (1): 190—194.

6.2.4 创新激励政策层级间的差异化

从上文分析可以看出,不同层级创新激励政策对国有企业知识员工创新绩效的作用机制存在差异,各有自己的特点。国内学者针对我国创新政策体系的层级特征也进行了一些研究,在创新绩效作用力的高低上,现有学者的观点并不统一,一部分学者认为地方创新激励政策比国家级创新政策更有效率,因为地方政策直接作用于企业,对企业员工的作用力比国家级更直接、目标更明确、反应更迅速。而有部分学者则存在相反观点,尤其是在追求国内生产总值总量增长为目标的政绩考核观念下,一些学者认为地方政府的创新投入更青睐于短期投入,政策的连贯性和战略性有限,对知识员工的创新激励力度有限,激励效果也不如中央政府层面政策理想。还有学者从创新政策失灵视角,对国家创新体系中"中央—地方"政府的关系进行了探讨,认为地方政府博弈的恶性发展导致政策执行过程失灵,从而影响创新政策的实施效果。

虽然各学者的观点不一致,但可以看出,不同层级创新激励政策对国有企业知识员工创新激励效果的作用确实是存在差异的。如前文所述,我国国有企业知识员工创新激励政策主要由国家相关部委、地方政府及企业制定,国有企业知识员工创新激励政策划分为"中央—地方—企业"三级。虽然级别高的政府部门拥有更多的资源,制定的创新激励政策激励幅度也更大,但是由于地域差异及层级间隔的存在,高级别政府准确把握国有企业知识员工需求信息的能力是很有限的,创新激励政策的切实激励效应往往没有低层级政策高。虽然中央层级的激励政策给知识员工带来的荣誉很高,经济性奖励一般也很高,但是诸如"两弹一星"勋章、"国家科学技术进步奖"、国务院津贴等激励政策对于绝大部分知识员工来说都是可望而不可及;所以,这类创新激励政策对知识员工创新绩效的作用力有限。但如果创新激励政策层级过低,对国有企业知识员工创新积极性的调动也会比较低。一方面,低层级的创新激励政策制定主体的资源不及高层级主体丰富,能够提供的激励幅度不高;另一方面,低层级创新激励标准一般也比较低,知识员工获得的可能性比较高,也比较容易,大部分的知识员工可能都能获取,对知识员工创新热情的刺激很有限。

在三级创新激励政策体系中,地方政府创新激励政策对于普通国有企业知识员工而言要比中央层级政策更具现实性,同时比企业层面政策更具吸引力。首先，在国有企业转型期，很多以前由中央各部委管理的国有企业转化为由地方政府或相关部门管理，这些国有企业对区域经济发展的作用和贡献更大，地方政府也更加重视这类企业的发展，给予的政策支持及资源更多，对国有企业知识员工创新激励的程度更高。同时，地方政府对这些国有企业员工的实际情况掌握得更加精准，可以结合当地国有企业的实际情况、知识员工的实际情况制定更加有针对性的创新激励政策，对知识员工的创新激励绩效作用也更明显。此外，从知识员工角度来看，地方政策层级的创新激励政策，无论是经济型薪酬福利政策，还是职业、荣誉等政策，都要比中央层级的程度更具现实性，同时比企业层面的激励政策奖励幅度更高，更能够激发他们的创新热情，能更有效地促进其创新绩效提升。因此，本书认为，不同层级创新激励政策对国有企业知识员工创新绩效作用力度不同，地方政府创新激励政策对国有企业知识员工创新绩效作用效应最明显。

6.3
横向维度下的激励机制

知识员工创新绩效的提升不仅受到创新资源投入量的影响，而且还受到知识员工专业技能发挥程度的影响，在所掌握的知识和技术一定的前提下，知识员工越努力其专业技能发挥的作用就更大，而知识员工工作努力与否、努力程度的高低与各种激励内容密切相关。因此，激励政策的具体内容及机制会对知识员工的创新绩效带来影响。结合上文对国有知识员工创新激励政策根据的阐述，本节将从激励政策内容角度出发探讨创新激励政策对国有企业知识员工创新绩效的作用。关于员工激励政策的内容，不同学者的研究给出了不同观点。白贵玉（2016）将知识员工创新激励内容归纳为经济性薪酬、福利、晋升和环境四部分[①]，龙小兵（2012）将知

---

① 白贵玉. 知识员工激励、创新合法性与创新绩效关系研究 [D]. 济南：山东大学博士学位论文，2016（6）.

识员工创新激励政策内容简单地分为物质激励和非物质激励两种[1]，马庆仁、曾德明和甘露（2012）则将国有企业知识员工的激励方式分为薪酬激励、工作成就激励、个人成长激励、工作环境激励、知识转移、共享激励等，划分得比较详细[2]。本书参考各学者的观点，将我国国有企业知识员工创新激励政策内容主要分为薪酬激励、福利激励、职业激励、荣誉激励、环境激励和知识产权保护六个方面。

6.3.1 薪酬激励政策与创新绩效

从企业员工个体角度出发，薪酬一般是指给予员工个人的可用货币直接或间接衡量的经济性报酬，结合 Humphreys 和 Revelle（1984）[3]、金辉（2011）[4] 等学者的研究，本书把国有企业知识员工的薪酬定义成包含知识员工的基本工资、可变工资、奖金和股票期权等可用货币直接衡量的经济性收益。学术界关于薪酬激励政策对企业组织员工创新行为影响的研究比较多，比如 Stephen（2008）认为通过提升员工的薪酬水平可以达到提升员工工作满意度的效果，对其工作效率的提升存在正向影响[5]；陈涛（2010）利用非参数检验方法研究了不同权变因素作用下企业科技创新人员薪酬满意度和激励效应之间的关系，研究结论指出，企业科技创新型员工是企业整体创新能力的最核心因素[6]。总之，各学者的研究结论一致指出，薪酬报酬对知识员工创新绩效有重要的影响，它是对员工工作成果的基本回报和肯定，是知识员工基本物质生活的保障。因此，政策制定方应该给予知识员工薪酬分配足够的重视，通过制定合理、公平的薪酬体系科

---

[1] 龙小兵. 知识型企业员工非物质激励机制与创新绩效研究 [D]. 武汉：中南大学博士学位论文，2012（4）.

[2] 马庆仁，曾德明，甘露. 国有控股集团企业知识员工激励组合实证研究 [J]. 财经理论与实践，2012（2）：94—98.

[3] Humphreys M. S., Revelle W. Personality, motivation and performance: a thory of the relationship between individual defference and information procesing [J]. Psychological Review, 1984 (2): 153 – 184.

[4] 金辉. 基于匹配视角的内外生激励、知识属性与知识共享意愿的关系研究 [J]. 研究与发展管理，2014（3）：74—85.

[5] Stephen G. The tails of justice: a critical examination of the dimensionality of organizational justice constructs [J]. Human Resource Management Review, 2008 (18): 271 – 281.

[6] 陈涛. 不同权变因素下企业科技人员薪酬满意度及激励效应差异性研究：基于江苏省 H 城市的调查统计分析 [J]. 管理现代化，2010（4）：15—17.

学反映知识员工的价值和付出,其中显性工作、奖金及股权奖励是知识员工薪酬激励的重要措施。知识员工提出的新的生产方法、新的生产工艺、解决问题的新措施等都是其创新体现,而新方法、新措施的提出是一种相对比较困难的事情,需要耗费大量的精力和时间,同时也需要较高的专业技术和知识,所以需要提供适当的激励措施以对知识员工的创新成果给予认可和奖励,知识员工的创新积极性才能得到维持,而薪酬激励措施是组织员工激励的基础性措施。行为主义理论认为薪酬激励措施是引导、改变员工工作行为的重要措施,知识员工是组织整体创新能力的主体力量,知识员工的薪酬激励水平不仅可以改变员工个人的创新行为,同时也能够对组织的整体创新产生影响,其影响途径主要表现为以下几个方面。

第一,给予知识员工的报酬水平体现了对其贡献程度的回报和肯定,反映了对知识员工存在价值认可程度,知识员工获得了符合预期的薪酬水平,能够让知识员工产生自己的付出和工作获得了公平的认可的心理,能够在一定程度上提升知识员工对组织的忠诚度,有利于创新积极性的提升,有利于组织创新团队及整体员工规模的稳定,给组织整体创新能力的奠定基础;第二,薪酬激励政策可以给予知识员工更高的公平感,能够有效降低一些员工存在机会主义心理,特别是根据知识员工创新成果给组织和社会带来的效益的多寡给予不同的薪酬水平,多创新多薪酬,能够很好地提升知识员工的创新积极性和创新绩效;第三,合理的薪酬激励水平有利于和谐的劳资关系的建立,对于知识员工内部凝聚力及自我学习能力的提升都作用明显。根据以上分析,本书认为,薪酬激励政策对国有企业知识员工创新绩效具有显著正向作用效应。

6.3.2 福利激励政策与创新绩效

组织为员工提供的福利主要包括基本生活保障性福利、休闲娱乐性福利、教育培训福利等多种。随着社会经济的不断发展,员工个体对福利的需求也越来越高,针对员工的福利激励政策也日趋复杂化。关于福利的研究往往和薪酬相结合,二者有一定的联系和相似之处,郝冬梅和李仲英(2013)[①]、Wang 和 Tsai(2014)等学者认为,知识员工福利政策可以定

---

① 郝冬梅,李仲英. 基于心理契约的虚拟人力资源管理员工激励研究:以知识员工为例[J]. 科技管理研究,2013(21):95—99.

义为政策制定方给予知识员工在身体健康、生活关怀、休假娱乐、退休养老及个人职业提升等方面的支持和帮助[①]。员工的福利并不是员工生产的基本需求，它可以看成除基本经济薪酬之外对员工行为有深刻影响的另外一个直接性因素，它可以为员工的工作、生活、个人职业发展提供更好的保障。随着知识员工在组织创新、社会创新体系中的重要性不断提升，福利激励政策对知识员工创新绩效的影响也引起了学者们的关注，例如一些学者论证了福利激励体系对知识员工的留存率、责任感和忠诚度、学习能力等方面的积极影响。福利激励政策对国有企业知识员工个体的创新行为与创新态度产生影响，进而作用于其创新绩效，具体作用路径可以从以下几个方面探讨。

首先，政策制定方为国有企业知识员工提供的在员工身体健康等方面的保障向员工传递了管理部门的人文关怀和"以人为本"的管理理念，同时也体现了对知识员工的认可与尊重，有助于激发知识员工对国有企业的忠诚度的提升及岗位责任感的提升，刺激知识员工表现出更积极的工作态度和创新行为，有助于知识员工个体创新绩效的提升。同时，在国有企业内部及不同企业之间，通过知识共享和知识转移有助于提升国有企业知识员工整体创新绩效的提升。

其次，政策制定方为国有企业知识员工提供的完善的退休制度体现了对知识员工退休后的负责和态度，是对于知识员工工作期间整体贡献的认可和肯定，有利于降低甚至消除知识员工在岗期间对退休后生活的顾虑，满足其对职业和生活的安全需求，能够促使知识员工更安心地工作，全身心地投入创新工作中，提升创新绩效。

再次，政策制定方提供给国有企业知识员工在个人专业技能学习、教育培训等方面的福利政策可以在一定程度上影响或改变知识员工的工作态度、行为及专业技术水平，让知识员工感受到对自身的重视。同时，更主要的是可以提高知识员工的岗位胜任率和工作效率，进而提升其创新绩效。相关的教育培训福利还能够满足知识员工精神层面的需求，有助于其创新积极性和创新绩效的提升。

最后，给予知识员工个人及其家庭生活方面的福利政策有助于国有企

[①] Wang C. J., Tsai C. Y. Managing innovation and creativity in organizations: an empirical study of service industries Taiwan [J]. Service Business, 2014 (2): 313-335.

业知识员工感受到来自组织、政府相关部门的关怀，如带薪休假、子女教育便利等均有利于知识员工和谐、愉悦的家庭生活气氛的形成，在知识员工从心理上感受到相关组织部门给予的关怀和温暖的同时，更有助于以一种更加轻松、愉快的心情投入工作中，对其创造力发挥的积极作用明显。所以本书认为，福利激励政策对国有企业知识员工创新绩效具有显著正向作用效应。

6.3.3 职业激励政策与创新绩效

职业激励政策是指政策制定方通过制定和实施一定的岗位、职位晋升机制，为员工提供职业发展通道，满足其对个人职业发展的需求，以此来激发员工的工作积极性。职业激励政策主要通过激励知识员工达到非经济目标的形式刺激其工作积极性。知识员工有着更高的需求层次，他们更加注重自我价值的实现以及个人职业成长与发展，通过提供公平、有效的职业晋升机制有利于激励知识员工的创新积极性。具有较高专业技术水平、较强工作能力的知识员工相应地被安排到具有一定难度和挑战性的岗位上，有利于充分发挥知识员工的工作能力，激发知识员工的内在潜能，充分实现知识员工的个人价值。相对于薪酬福利激励政策，职业激励政策是一种长期性的激励政策，员工获得该政策的奖励需要长期的不懈努力，在一定程度上可以避免知识员工为实现短期利益的机会主义心理。合理的职业发展路径不仅可以为知识员工带来物质收益，同时也能够满足其在精神层面的需求，增强员工对职业的满意度。

职业激励政策对国有企业知识员工创新绩效的作用主要表现为以下几点：

第一，职业激励政策有助于端正国有企业知识员工的创新态度。员工工作态度的重要影响因素之一就是是否为员工提供了合理的晋升渠道与发展空间，当知识员工清楚地了解自己未来的职业前景时，就会以更加积极的心态投入工作，以期获得与自己能力相匹配的工作岗位。知识员工的职业目标与职业激励政策之间的匹配程度越高，知识员工的创新能力和创新绩效就会越好。

第二，职业激励政策会对国有企业知识员工的工作满意度产生影响。一般员工的薪资福利是与岗位职务相对应的，岗位职务提升，知识员工的薪资福利待遇也会提升，同时岗位职务层次越高的知识员工获得的成就感和声誉也会越高，其个人自我价值实现和尊重需求满足程度越高，有利于其整体工作满意度的提升，进而促进其创新积极性和创新绩效的提升。

第三，职业激励政策有利于知识员工创新能力的提升。为了在职业发展和职务晋升过程中保持竞争优势，知识员工会在心理上感受到不同程度的压力，推动其通过不断的自我学习来提升自己的知识水平和专业技能，提升其创新能力。很多学者的研究均表明，职业晋升激励政策有助于迫使员工提升自我学习能力和专业水平，对其创造能力影响深刻。

第四，职业激励通过影响知识员工的组织自尊作用于创新绩效。组织自尊是指员工通过承担职责、满足组织岗位需求程度的形式体现自己在组织体系中的地位和价值。组织自尊是员工作为特定成员的自我价值的感知。一般组织自尊高的员工会认为自己应该在组织内部所承担的职责更重要、更有价值、更能够满足组织岗位需要。认为具有高组织自尊的知识员工会拥有更积极的自我认知，会充分相信自身能力和对职务的胜任力，承担风险的意愿更强，更愿意承担一些风险较大的职责，采取更多的创新措施，因此组织自尊越高的知识员工对创新行为的影响更显著。职业激励政策能促使员工认可自己所在的组织并肯定组织的价值，职业激励政策有利于激发知识员工自我认知更加积极，从而达到提升组织自尊的效果，进而提升创新积极性和创新绩效。基于以上分析，本书认为，职业激励政策对国有企业知识员工创新绩效具有显著正向作用效应。

6.3.4 荣誉激励政策与创新绩效

现阶段我国社会保障体系还不够完善，在推动国有企业知识员工创新绩效提升过程中，虽然薪酬、福利等物质性激励政策发挥着重要作用效应，也是广泛运用的激励方式，但精神层面的激励政策也必不可少，精神层面激励对国有企业知识员工创新推动同样重要。依据边际效益递减规律，物质激励措施对员工工作效率的刺激会随着激励力度的增加而呈现不断下降的趋势。对一直表现突出并且有一定物质基础的知识员工来说，较高的薪酬福利水平已经不再是其重点关注的对象，而对精神层面的荣誉则更加在乎。同时，对于需求层次较高的知识员工来说，物质激励和精神激励之间往往具有一定的互换性，可以通过荣誉激励政策降低员工的激励成本。梅奥霍桑试验表明，由于知识员工的需求更加复杂，可以通过给予精神层面的激励推动不同类型员工之间的努力程度差异减小，并且这种激励措施的成本也很小。

　　组织中的知识员工一般拥有较高的薪资福利待遇，同时受到组织和社会较高的评价和尊重，但就他们的贡献和付出而言，大部分知识员工获得的物质奖励并不是特别多，而更多的是诸如名誉、身份、头衔等非物质性报酬，像"杂交水稻之父"袁隆平、"两弹一星"功勋邓稼先、钱三强等，他们为国家、社会作出的贡献远远高于其所获得的物质性报酬。从此角度来看，精神层面的激励措施对知识员工创新绩效的提升作用更加明显，在节省激励成本的同时，提升创新效率。此外，荣誉激励政策更符合知识员工的需求特征，创新是一种具有专业技能要求高、脑力劳动强度大、工作成果价值大等特点的工作，这使知识员工对自身价值实现、尊严获取更加重视，在高度重视自己工作成果对社会、组织贡献度的同时，也非常重视组织、社会给予的认可度，所以通过荣誉激励政策更容易激励知识员工的创新行为和成果。

　　而依据马斯洛需求层次理论，当员工较低层次的物质性需求得到满足后，较高层次的精神层面的需求就会成为其追求的对象，此时采用精神层面的激励措施效果将更加明显。国有企业的知识员工普遍具有较高的学历和扎实的专业技能，其工作和收入状况也比较不错，低层次的生理需求和安全需求已经得到满足，高层次的精神需求则是其主要追求目标，所以，通过制定荣誉激励政策更能够满足他们对自我价值实现、社会认可等方面的需求，对他们工作积极性的提升效果也更明显。对此，国内外不少学者也给予了论证，例如，李明智、韩娜和吕荣杰（2005）从心理契约角度研究知识员工的激励策略，认为对荣誉奖励的需求是知识员工的主要心理特征之一，荣誉激励措施能够明显地提升知识员工的工作效率[①]。杨丽（2009）等学者在研究中均指出，精神层面的荣誉因素是企业知识员工激励体系中不可或缺的组成部分，对知识员工创新绩效、工作效率有着显著的刺激作用[②]。高子平（2011）认为，科技型人才对自身声誉的重视会激励他们对各种荣誉、身份奖项的追求，荣誉激励政策对他们的创新成绩会

---

① 李明智，韩娜，吕荣杰. 从心理契约角度研究知识员工的激励模型［J］. 经济师，2005（5）：53—55.

② 杨丽. 科技人员技术创新激励因素特征的实证分析：以山东省工业企业为例［J］. 山东大学学报：哲学社会科学版，2009（5）：111—117.

产生显著的影响力①。陈剑（2013）认为给予知识员工的荣誉、尊重能够体现其在社会群体中的地位和层次，能够满足其对社会身份的需求，从荣誉角度制定激励政策可以达到较好的激励效果②。基于上文论述，本书认为，荣誉激励政策对国有企业知识员工创新绩效具有显著正向作用效应。

6.3.5 环境激励政策与创新绩效

现阶段，学术界所认知的环境激励政策中主要包含了员工工作的硬件环境和软件环境。硬件环境指的是办公设施和工作条件等；软件环境主要包含组织氛围、组织制度、组织文化及组织的社会形象等。本书将国有企业知识员工所承担的岗位工作本身特征、部门领导的支持及与其他员工间的关系等纳入了软环境的范围。硬件环境是针对知识员工工作特征、便于其工作开展的基础，相对而言，软环境则是潜在的一种激励力量，能逐渐对知识员工们的工作态度和创新行为产生引导和作用。

环境激励政策对国有企业知识员工创新绩效的作用机理可以从以下三个方面探讨：

第一，硬环境是企业整体基础设施的体现，也是企业整体规模和实力的重要组成部分，它对知识员工创新绩效提升起着基础性保障的作用。硬环境对知识员工创新绩效的作用得到了相关学者的赞同，张学和（2012）认为组织环境对知识员工个体创新绩效存在显著影响，其中硬环境是非常重要的一个方面③。张慧和彭璧玉（2017）从创新环境角度研究了企业知识员工的创新行为，认为良好的基础条件和创新设备有助于知识员工开展创新工作，有助于其创新绩效的提升④。对于国有企业知识员工而言，硬环境除了表现为国有企业拥有的相关基础设施及创新基础条件外，还包括政府部门可提供的相关基础设施。国有企业知识员工硬环境是提供给知识员工工作的基础条件，是其开展创新工作的基础保障，硬环境越好，创新工作的条件越优越，知识员工可用的创新资源越多，为知识员工创新工作

---

① 高子平. 科技人才声誉激励机制研究 [J]. 科学管理研究，2011（5）：89—93.
② 陈剑. 基于实践社群的知识员工激励 [J]. 贵州大学学报（社会科学版），2013（1）：35—40.
③ 张学和. 科技组织情境下知识员工创新绩效实证研究 [D]. 合肥：中国科学技术大学博士学位论文，2012（5）.
④ 张慧，彭璧玉. 创新行为与企业生存：创新环境、员工教育重要吗 [J]. 产业经济研究，2017（4）：30—40.

提供的便利性越高，越有助于提升其工作效率，提升创新绩效。

第二，知识转移和共享是发挥知识资本价值的重要环节，有助于创新知识和技术在组织内部扩散，对于知识资本的有效增值意义明显，这对于国有企业及整个社会经济系统提升知识效力意义明显。企业文化是知识员工创新软环境的重要内容，和谐的企业文化有助于员工之间的知识共享，对于知识员工创新思维的开拓大有裨益，从而在一定程度上影响到知识员工个体的创新能力。和谐的企业文化环境带来和谐的同事关系有利于知识员工之间信任度、合作度及奉献精神的提升，对于需要团队协作和沟通的创新工作来说，和谐的企业文化环境是有效促进知识员工创新的重要影响因素。同时，优质的企业文化还能够在一定程度上对知识员工的创新行为和创新手段形成道德约束，提升知识员工自我约束能力，对于知识员工创新自觉性、创新主动性有积极影响。国有企业的企业文化质量状况是其内部知识员工创新绩效的重要软环境因素，企业文化质量越高，对知识员工创新行为的激励性越强，越有助于其创新绩效的提升。

第三，与领导层之间的关系以及获得领导在工作、生活上的支持也是国有企业知识员工创新绩效的重要环境影响因素。各层级领导对知识员工创新行为的支持在一定程度上向员工们传达了一种积极、人性化的组织价值观和文化价值观，也是领导对知识员工创新行为重视和寄予厚望的重要表现，有助于从精神上激励知识员工的工作积极性。领导对知识员工创新行为的支持利于创新氛围及知识员工创新主动性的提升，会对知识员工创新效果产生积极影响。此外，领导与知识员工之间的关系也是重要的环境因素，这种关系越和谐，知识员工得到的工作及生活上的支持越大，越有利于和谐企业文化的形成，能让知识员工从心理上感受到管理层的关怀，对企业的忠诚度提升，进而创新积极性和创新绩效相应提升。因此，国有企业管理层及相关政府部门领导对知识员工创新行为的支持，能够给知识员工创新创造更加优质的环境，有助于激发知识员工创新潜力，提升创新绩效。基于以上分析，本书认为，环境激励政策对国有企业知识员工创新绩效具有显著正向作用效应。

6.3.6 知识产权保护政策与创新绩效

知识产权保护政策对国有企业知识员工创新绩效的作用机制主要通过以下几点实现。第一，知识产权保护可以给其创造者带来垄断利益，降低技术溢出与知识溢出，同时也能够降低市场的竞争程度。在一个较弱的知识产权保护市场中，当创新成果被竞争对手模仿而创造者的垄断利润逐渐减少后，创新者往往会选择减少创新投入。目前我国尚属于新兴经济体，当强化知识产权保护时，创新的垄断利益得到保障，会通过确保创新者创新投资回报的方式刺激其继续创新，这就是利用创新事后垄断租金保护的方式鼓励事前创新，知识产权保护政策保护了企业的无形资产，国有企业为知识员工提供创新资金，然后基于知识产权保护机制收回这些投资的回报，所以，加强知识产权保护可以促进国有企业的创新投入，进而促进知识员工创新。第二，知识产权保护不力给假冒品进入市场提供了空隙，假冒品对正品的冲击甚至是取代会阻碍、打击创新，而知识产权保护政策可以通过保护正品市场不受假冒品冲击的方式保护知识员工创新的垄断利润，进而促进其创新积极性的提升。第三，创新对于企业盈利能力的增长是必不可少的，创新的长期性和风险性会导致企业资产未来价值变化的不确定性，进而给整个企业的市值带来不确定性。高效、高质量的创新发明在一定程度上降低了企业内外部的信息不对称性，激励国有企业加大创新投入，给予知识员工更多的创新资源和资金，进而促进知识员工创新。第四，由于知识外部性的存在降低了知识成本，模仿能够降低模仿者的创新成本，模仿在激励知识员工创新方面具有重要的作用，在创新过程中正外部性的相互作用大于"搭便车"问题的负面影响，当知识员工处于知识产权保护薄弱的环境中时，知识员工会"搭上"创新的"顺风车"。

综上，知识产权保护政策为市场机制的有效运行提供了支持，保护知识员工在不付出过多成本或承担过高风险的情况下进行创新，尤其是在我国当前创新环境下，知识产权保护政策对国有企业知识员工创新有重要促进作用。所以，本书认为，知识产权保护政策对国有企业知识员工创新绩效具有显著正向作用效应。

上文分别从纵向和横向维度出发分析了创新激励政策对我国国有企业知识员工创新绩效的作用机制，并提出了假设，但这些假设的真实性如何则需要结合实际数据进行进一步实证检验。同时也可以看出，我国国有企业知识员工创新激励政策对创新绩效的作用效应是多维度、多内容的，不同纵向维度下的创新激励政策对创新绩效的作用效应是否存在差异？同一纵向维度下不同横向创新激励政策内容对创新绩效的作用效应有何不同？这些问题在上文机理分析中很难准确判断，需要结合实证分析进一步深入探讨。实证思路可用图6-1体现。

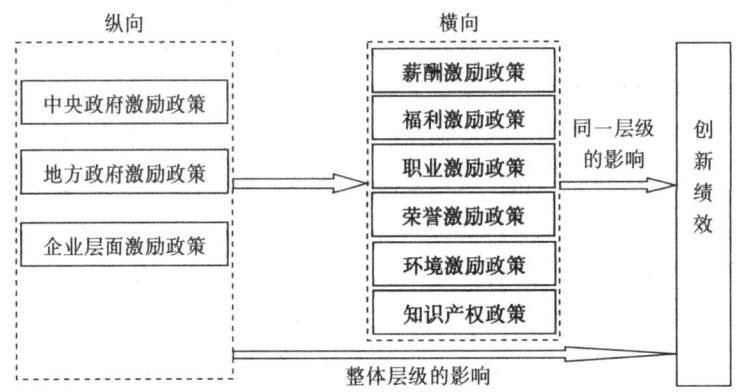

图6-1 纵向维度下和横向维度下的实证框架

6.4 国有企业知识员工激励对创新绩效影响的实证

前文基于相关理论,并结合国内外学者的相关研究,对不同层级创新激励政策、不同内容创新激励政策对国有企业知识员工创新绩效的作用机制进行理论探讨。本节将基于对国有企业知识员工的问卷调研数据对上文的理论假设进行量化实证检验。学者们在研究激励政策与企业员工创新绩效关系过程中,就所采用的量化分析方法上并没有形成统一观点,但对经典多元回归分析法的认可度相对较高,多位学者利用此方法研究了激励政策与员工创新绩效之间的关系,所以借鉴 Zhang 和 Kathryn(2010)[1]、白贵玉(2016)[2] 等学者所采用的构建多元回归模型的方式来实证检验国有

---

[1] Zhang X. M., Kathryn M. The influence of creative process engagement on employee creative performance and over all job performance: a curvilinear assessment [J]. Journal of Applied Psychology, 2010(5): 862-873.

[2] 白贵玉. 知识员工激励、创新合法性与创新绩效关系研究 [D]. 济南:山东大学博士学位论文, 2016(6).

企业知识员工创新激励政策对创新绩效的作用效应。

6.4.1 变量选择与模型构建

本章拟通过构建国有企业知识员工创新绩效与不同层级、不同横向维度下的创新激励政策之间的多元回归模型对上文创新激励政策对国有企业知识员工创新绩效的作用假设进行量化检验，设置创新绩效为被解释变量，各创新激励政策为解释变量。其中，被解释变量国有企业知识员工创新绩效根据第 3 章中数据包络分析方法计算所得。而解释变量分为两个层次：其一是纵向维度下的解释变量，包括中央政府政策、地方政府政策和企业层面政策三个，根据各层级问卷量表中所有题项得分汇总所得，反映不同层级创新激励政策整体情况；其二是横向维度下的解释变量，根据各层级问卷中不同横向维度题项得分汇总所得，反映不同层级不同内容的创新激励政策情况（问卷设计及数据收集过程详见第 7 章）。

本书的问卷调研对象来自多家不同的国有企业，为了规避企业层面及知识员工个人因素对分析结论的干扰，对相关企业背景因素和知识员工个人因素进行控制。国有企业的规模、成立年限不同，其对经济发展的贡献及可获得的相关资源存在一定差异，知识员工的年龄、学历、职务级别不同，对企业的忠诚度、家庭和社会责任感及工作积极性等均存在一定差异，相应的创新绩效有所不同。所以本章在回归模型构建过程中将国有企业的规模、成立年限以及知识员工的年龄、学历、职务级别分别设置为控制变量，在解决相关因素对被解释变量干扰问题的同时，还能够达到避免模型内生性问题。此外，为了避免解释变量数值的过大差异以及解释变量与被解释变量在数值上过大差距，在所有量化分析之前对所有汇总后的解释变量进行对数处理，所有计算过程均由 EViews 10.0 实现。具体各变量如表 6-1 所示。

表 6-1　　　　　　　　变量体系汇总表

变量类型	变量名称	代表字符	解释说明
被解释变量	创新绩效	$Achi$	根据数据包络分析法计算所得
纵向维度解释变量	中央政府政策	$Cpolicy$	对应层级量表题项评分总和后取对数
	地方政府政策	$Lpolicy$	同上
	企业层面政策	$Epolicy$	同上

续表

变量类型	变量名称	代表字符	解释说明
横向维度解释变量	薪酬激励政策	sala	对应横向维度题项评分总和后取对数
	福利激励政策	welfa	同上
	职业激励政策	occup	同上
	荣誉激励政策	honor	同上
	环境激励政策	envi	同上
	知识产权政策	intel	同上
控制变量	企业规模	size	用国有企业员工总数替代,取问卷题项的下限
	企业成立年限	year	取问卷题项的下限
	员工年龄	age	取问卷题项的下限
	员工学历	edu	专科及以下、本科、研究生及以上分别赋值为1、2、3
	员工职务级别	level	基层管理人员、科研人员、部门技术骨干及其他赋值为1,中层管理人员赋值为2,高层管理人员赋值为3

先检验不同层级创新激励政策对国有企业知识员工创新绩效的整体作用效应,以不同层级创新激励政策变量为解释变量,创新绩效为被解释变量,模型为

$$Achi_i = \alpha + \beta_1 Cpolicy_{1i} + \beta_2 Lpolicy_{2i} + \beta_3 Epolicy_{3i} + \mu_i \quad (6-1)$$

不同维度下的创新激励政策对国有企业知识员工创新绩效的作用效应存在一定差异,将各创新激励内容解释变量引入回归模型,检验不同内容的创新激励政策对创新绩效的作用情况,但此时需要考虑到政策的层次问题,不同层级下的不同内容政策的作用效应也是存在差异的,所以此时构建不同层级下的不同政策内容对创新绩效的回归模型。

$$Achi_i = \alpha + \beta_1 C\_sala_{1i} + \beta_2 C\_welfa_{2i} + \beta_3 C\_occup_{3i} + \beta_4 C\_honor_{4i} + \beta_5 C\_envi_{5i} + \mu_i \quad (6-2)$$

$$Achi_i = \alpha + \beta_1 L\_sala_{1i} + \beta_2 L\_welfa_{2i} + \beta_3 L\_occup_{3i} + \beta_4 L\_honor_{4i} + \beta_5 L\_envi_{5i} + \mu_i \quad (6-3)$$

$$Achi_i = \alpha + \beta_1 E\_sala_{1i} + \beta_2 E\_welfa_{2i} + \beta_3 E\_occup_{3i} + \beta_4 E\_honor_{4i} + \beta_5 E\_envi_{5i} + \mu_i \quad (6-4)$$

(6-1)式至(6-4)式中,α、$\beta_j(j=1,2,\cdots,k)$为偏回归系数;μ_i为随

机扰动项。(6-2) 式、(6-3) 式、(6-4) 式分别为中央政府、地方政府、企业层面下的不同激励政策内容对创新绩效的作用模型。

6.4.2 纵向维度下的实证检验

对模型 (6-1) 中各变量进行描述性统计分析,以了解各变量的基本状态。

从表 6-2 中各变量的最小值、最大值来看,各变量整体较好,不存在奇异值,从均值与标准差可以看出,各变量基本处于正态分布状态,适合构经典回归模型。

表 6-2 模型 (6-1) 中各变量描述性统计表

变量	最大值	最小值	均值	标准差
Achieve	0.995	0.513	0.927	0.124
Cpolicy	1.941	1.355	1.737	0.281
Lpolicy	2.041	1.364	1.694	0.128
Epolicy	2.041	1.361	1.715	0.201

计算各变量之间的相关系数,见表 6-3。从表中可以看出,$Achieve$ 与其他各变量间的相关系数都比较高,且相关系数符号均为正值,说明各层级创新激励政策整体上与国有企业知识员工创新绩效之间呈现同方向变化,与上文理论分析结论一致。其中,最高的为 $Achieve$ 与 $Lpolicy$ 之间的相关性,系数绝对值达到 0.833,达到了显著相关的程度,地方政府创新激励政策与国有企业知识员工创新绩效之间的同向关系最密切。其次是 $Achieve$ 与 $Epolicy$ 之间相关系数,系数绝对值为 0.742,企业层面创新激励政策与国有企业知识员工创新绩效之间的同向关系也比较高。$Achieve$ 与 $Cpolicy$ 之间的相关系性最低,系数绝对值为 0.642,也存在一定的相关性,中央政府层面创新激励政策与国有企业知识员工创新绩效之间的同向关系相对较弱。所以各解释变量与被解释变量之间整体存在比较密切的线性关系,适合构建多元线性回归模型。同时,从各解释变量之间的相关系数可以看出,各解释变量间的相关性普遍不高,最高的相关系数绝对值仅为 0.530,运用各解释变量构建回归模型出现多重共线性、自相关等问题的可能性很小。

表6-3　　　　　　模型（6-1）中各变量间相关系数矩阵

变量	Achieve	Cpolicy	Lpolicy	Epolicy
Achieve	1	—	—	—
Cpolicy	0.642	1	—	—
Lpolicy	0.833	0.530	1	—
Epolicy	0.742	-0.314	0.442	1

对模型（6-1）进行拟合，检验不同层级创新激励政策对国有企业知识员工创新绩效的作用效应。从表6-4中可以看出，拟合模型整体可决系数为0.834，被解释变量将近83.4%的变动可以由模型内部的解释变量来解释，$F-statistic$的伴随概率为0，$D.W$统计量为1.892，接近于2，各解释变量偏回归系数的标准误差也比较小，所以此多元线性回归模型整体拟合结果比较理想。

表6-4　　　　　　　模型（6-1）拟合结果汇总表

变量	回归系数	标准误差	t统计量	显著性水平
C	0.024	0.011	-1.535	0.093
Cpolicy	0.055	0.025	1.639	0.0113
Lpolicy	0.104	0.053	-0.861	0.018
Epolicy	0.089	0.081	0.436	0.004
$R-squared$	0.834			
$Prob(F-statistic)$	0.000			
$D.W$	1.892			
$H.Q$	41.283			

从各解释变量参数的偏回归系数来看，各解释变量的拟合系数均为正，各解释变量对被解释变量均存在正向作用，这与上文的理论分析结论相吻合。从各解释变量参数偏拟合的t检验结果来看，在5%水平下，各解释变量均通过了检验，Epolicy通过1%的显著性临界值，说明各解释变量对被解释变量均存在显著的正向作用效应，所以，中央、地方及企业层面的创新激励政策对国有企业知识员工创新绩效具有显著正向作用效应。

比较各解释变量的偏回归系数发现，各回归系数在绝对值上存在一定差异，Lpolicy的回归系数最大，为0.104，Lpolicy每变动1个单位，会同向带动被解释变量变动 0.104 个单位。其次是 $Epolicy$ 的回归系数，达到了 0.089，$Epolicy$ 每变动 1 个单位，会同向带动被解释变量变动 0.089 个单位。$Cpolicy$ 的回归系数最小，仅为 0.055，$Cpolicy$ 每变动 1 个单位，会同向带动被解释变量变动 0.055 个单位。所以，中央、地方及企业层面的创新激励政策对国有企业知识员工创新绩效的作用力度是存在差异的，总体来看，地方政府创新激励政策的作用效用最大。

6.4.3 横向维度下的实证检验

计算各层级创新激励政策不同横向维度变量的描述性统计指标（见表 6-5），可以看出，各变量均值基本维持在最小值、最大值之间的中位水平，并且各标准差也比较小，各变量间的标准差差异不大，各变量分布基本处于正态分布状态，符合构建回归模型的基本假设。

表 6-5　各层级下不同横向维度解释变量描述性统计表

变量	最大值	最小值	均值	标准差
C_sala	1.394	0.701	1.002	0.177
C_welfa	1.378	0.706	1.021	0.215
C_occup	1.327	0.698	0.977	0.176
C_honor	1.304	0.686	0.913	0.236
C_envi	1.408	0.675	0.945	0.328
C_intel	1.325	0.627	0.903	0.328
L_sala	1.421	0.744	0.982	0.341
L_welfa	1.403	0.764	1.002	0.172
L_occup	1.378	0.711	1.012	0.294
L_honor	1.365	0.692	1.007	0.348
L_envi	1.370	0.704	1.015	0.283
L_intel	1.413	0.714	1.031	0.216
E_sala	1.349	0.654	0.961	0.355
E_welfa	1.375	0.693	1.015	0.233
E_occup	1.366	0.702	0.978	0.208
E_honor	1.425	0.739	1.086	0.382
E_envi	1.388	0.739	1.025	0.289
E_intel	1.408	0.716	1.076	0.426

从表 6-6 中可以看出，$Achieve$ 与各层级下的横向维度解释变量间的相关系数均为正数，说明各内容创新激励政策与国有企业知识员工创新绩效间呈现正相关关系，与前文的理论分析相吻合。

从不同层级角度来看，中央层级下，各内容创新激励变量与 $Achieve$ 之间的相关系数均在 0.66 以上，其中最高的为 $Achieve$ 与 C_welfa 之间的相关系数，达到了 0.78，说明中央政府层级的福利激励政策与国有企业知识员工创新激励绩效间的联系最为密切，而 $Achieve$ 与 C_envi 之间的相关系数最小，仅为 0.66，说明中央层级的环境激励政策与国有企业知识员工创新激励绩效间的联系较低。在地方政府层级，$Achieve$ 与 L_sala 之间的相关性最高，相关系数为 0.87，地方政府制定的薪酬激励政策与国有企业知识员工创新绩效正向相关程度最高，$Achieve$ 与 L_envi 之间的相关性最低，相关系数为 0.70，地方政府的环境激励政策与国有企业知识员工创新绩效之间的关联程度一般。而在企业层面下，各相关系数绝对值均在 0.73 以上，其中最高的为 $Achieve$ 与 E_welfa 之间的相关系数，达到了 0.86，国有企业提供的相关福利激励政策与知识员工的创新绩效之间的关联性较高。

比较中央政府层级和地方政府的各内容激励变量与 $Achieve$ 之间的相关性可以发现，地方政府层级下的相关系数最高值和最低值均高于中央政府层级下的各相关系数，体现了地方政府出台的各种创新激励政策与国有企业知识员工创新绩效间关联性均比较高。

$Achieve$ 与各横向维度变量之间较高的相关性为线性回归模型的构建提供了基础。此外，各解释变量之间的相关系数普遍比较低，除了有少数略高于 0.6 以外，其他的均在 0.6 以下，运用各解释变量值对模型（6-2）、模型（6-3）、模型（6-4）进行拟合较合适。

在上文分析基础上，首先对模型（6-2）进行拟合，检验中央政府层级下不同内容创新激励政策对国有企业知识员工创新绩效的作用效应。表 6-7 中，模型（6-2）的整体拟合可决系数为 0.8108，被解释变量将近 81.08% 的变动可以由模型内部的解释变量来解释，$F-statistic$ 的伴随概率为 0，$D.W$ 统计量为 1.8736，接近于 2，各解释变量偏回归系数的标准误差均比较小，所以此多元线性回归模型整体拟合效果较好，可用于分析实际问题。

表6-6 模型(6-2)、模型(6-3)、模型(6-4)中各变量间相关系数矩阵

变量	Achieve	C_sala	C_welfa	C_occup	C_honor	C_envi	C_intel	L_sala	L_welfa	L_occup	L_honor	L_envi	L_intel	E_sala	E_welfa	E_occup	E_honor	E_envi	E_intel
Achieve	1	—	—	—	—	—	—	—	—	—	—	—	—	—	—	—	—	—	—
C_sala	0.67	1	—	—	—	—	—	—	—	—	—	—	—	—	—	—	—	—	—
C_welfa	0.78	0.46	1	—	—	—	—	—	—	—	—	—	—	—	—	—	—	—	—
C_occup	0.75	0.38	0.21	1	—	—	—	—	—	—	—	—	—	—	—	—	—	—	—
C_honor	0.73	-0.54	0.43	-0.33	1	—	—	—	—	—	—	—	—	—	—	—	—	—	—
C_envi	0.66	-0.28	0.54	0.41	0.31	1	—	—	—	—	—	—	—	—	—	—	—	—	—
C_intel	0.69	0.46	0.48	-0.31	0.53	0.44	1	—	—	—	—	—	—	—	—	—	—	—	—
L_sala	0.87	0.31	-0.33	0.25	-0.21	0.51	0.28	1	—	—	—	—	—	—	—	—	—	—	—
L_welfa	0.81	0.52	-0.31	0.51	0.55	-0.29	0.34	0.41	1	—	—	—	—	—	—	—	—	—	—
L_occup	0.76	-0.53	0.46	-0.49	0.39	-0.43	0.43	-0.28	-0.40	1	—	—	—	—	—	—	—	—	—
L_honor	0.71	0.44	0.29	-0.26	0.28	0.39	0.22	0.46	0.08	0.30	1	—	—	—	—	—	—	—	—
L_envi	0.70	0.52	0.45	0.48	0.16	0.45	0.37	-0.40	0.19	-0.15	0.33	1	—	—	—	—	—	—	—
L_intel	0.79	0.56	0.60	-0.39	0.37	0.48	0.63	0.33	0.27	0.31	0.48	0.59	1	—	—	—	—	—	—
E_sala	0.78	-0.61	-0.25	0.49	-0.45	-0.39	0.49	0.51	0.37	0.24	0.24	0.46	0.27	1	—	—	—	—	—
E_welfa	0.86	-0.43	0.43	-0.35	-0.55	-0.38	0.27	0.34	0.46	-0.37	0.21	0.40	0.19	0.44	1	—	—	—	—
E_occup	0.73	0.50	0.56	-0.39	0.38	0.47	0.16	-0.46	-0.28	0.46	-0.30	0.51	0.33	0.18	0.42	1	—	—	—
E_honor	0.85	-0.57	-0.64	-0.39	0.28	0.41	0.33	0.41	-0.43	0.50	0.42	0.33	0.43	0.31	0.39	0.20	1	—	—
E_envi	0.78	0.46	0.43	0.34	-0.31	-0.39	0.11	0.50	0.37	0.49	0.21	0.37	0.57	0.44	0.54	0.51	0.41	1	—
E_intel	0.81	0.51	-0.47	0.45	0.15	0.64	0.34	0.49	0.43	0.19	0.52	0.42	0.38	0.50	0.48	0.19	0.42	0.14	1

表 6-7　　　　　　　　　模型（6-2）拟合结果汇总表

变量	回归系数	标准误差	t 统计量	显著性水平
C	0.1042	0.0154	0.4053	0.1352
C_sala	0.0722	0.0334	-0.5004	0.0583
C_welfa	0.0914	0.0303	0.3157	0.0127
C_occup	0.1341	0.0243	-0.7516	0.0106
C_honor	0.0773	0.0124	0.4431	0.0603
C_envi	0.0597	0.0131	0.2301	0.0682
C_intel	0.0885	0.0267	0.1637	0.0507
$R-squared$	0.8108			
$Prob(F-statistic)$	0.0000			
$D.W$	1.8736			
$H.Q$	57.6051			

各解释变量的偏回归系数均为正，各解释变量对被解释变量均存在正向作用，这与上文的理论分析结论一致。在 10% 显著性临界值下，各解释变量偏回归系数均通过了 t 检验，其中 C_welfa 和 C_occup 通过了 5% 的显著性临界值。所以，在 10% 临界值下，各解释变量对被解释变量均存在显著的正向影响作用，在中央政府层级下，各内容创新激励政策对国有企业知识员工创新绩效存在显著的正向作用效应。

从各解释变量偏回归系数来看，C_occup 的回归系数最大，为 0.134，中央政府层面给予的职业激励政策对国有企业知识员工创新绩效的作用力度最大，国有企业的"国有"性质以及给知识员工提供"编制"岗位让知识员工的归属感和职业安全感更强烈，更愿意为企业和岗位付出，同时国有企业之间的岗位调配以及与部分政府部门之间的"联姻"关系，给予了知识员工更广阔的未来职业发展空间，这进一步提升了知识员工创新积极性。

C_welfa 和 C_intel 的回归系数分别为 0.0914 和 0.0885，二者比较接近，中央政府层面提供的相关福利政策和知识产权保护政策对国有企业知识员工创新绩效的作用力度也比较大，除了中央政府层级给予有突出贡献的知识员工奖励外，比如"国务院特殊津贴"，更多地表现为国有企业知识员工享有的"编制"福利，作为企业创新的主体力量，知识员工获得"编制"后会享受到与政府机构、事业单位等员工相似的养老、医疗、休假等福利，这在很大程度上激发了国有企业知识员工的创新积极性，提升创新绩效。中央政府层面制定的相关知识产权保护政策属于最高层级的法律法规，权威性最高的同时，也是其他层级相关知识产权法律法规制定的基础和框架，是国有企业知识员工保护自己创新成果不受侵犯的最主要依据，对其创新积极和创新绩效的正向作用力度比较明显。

C_sala 和 C_honor 偏回归系数分别为 0.0722 和 0.0773，中央政府层级的薪酬激励政策和荣誉激励政策对国有企业知识员工创新绩效的作用力度一般。而 C_envi 的回归系数最小，仅为 0.0597，环境激励政策的作用力度最小。中央政府为了激励国有企业知识员工创新，从创新环境上着手制定相关环境激励政策，但这种激励政策对创新环境的改善往往需要时间，同时是一种相对"空洞"的政策，对于知识员工个体而言，很难切身感受到这种政策的作用和好处，因此对知识员工创新绩效的作用力度往往也很有限。

对模型（6-3）进行拟合，检验地方政府层级下不同内容创新激励政策对国有企业知识员工创新绩效的作用效应。表6-8中，模型（6-3）的整体拟合可决系数达到了 0.8583，解释变量可以解释被解释变量 85.83% 的变动，$F-statistic$ 的伴随概率为 0，$D.W$ 统计量为 1.9287，各解释变量偏回归系数的标准误差均比较小，各检验统计指标均比较理想，模型整体拟合效果较好，该模型拟合结果可用于分析实际问题。

表6-8　　　　　模型（6-3）拟合结果汇总表

变量	回归系数	标准误差	t 统计量	显著性水平
C	-0.0768	0.0251	1.7501	0.1007
L_sala	0.1273	0.0254	0.4725	0.0042
L_welfa	0.0674	0.0574	-0.1537	0.0244
L_occup	0.0616	0.0326	0.4334	0.0611
L_honor	0.1004	0.0152	-0.2055	0.0435
L_envi	0.0319	0.0351	0.1147	0.0627
L_intel	0.0662	0.1522	0.3055	0.0384
$R-squared$	0.8583			
$Prob(F-statistic)$	0.0000			
$D.W$	1.9287			
$H.Q$	71.2053			

在 10% 临界值下，各解释变量的偏回归系数均显著为正，而 L_sala、L_welfa、L_honor 和 L_intel 均通过 5% 临界值，显著性水平较高，地方政府层级下，各内容创新激励政策对国有企业知识员工创新绩效均存在显著正向作用效应。

比较各解释变量的偏回归系数可以发现，L_sala 的回归系数达到了 0.1273，是所有解释变量中最大的，地方政府层面的薪酬激励政策对国有企业知识员工创新绩效的作用力度最大。虽然知识员工的需求层次整体比较高，但是对于绝大部分普通知识员工而言，充足的物质条件是自己及家人从容生活的基本保障，薪酬激励对他们依然具有较高的激励性。同时，我国地域广阔，虽然地方政府对国有企业员工薪资待遇的规定会遵从中央政府政策，但同时也会根据自身实际情况制定符合当地国有企业特点的薪资政策，对国有企业知识员工的激励性会更明显。

L_honor 的回归系数为 0.1004，仅次于 L_sala，地方政府层面的荣誉激励政策对国有企业知识员工创新绩效的作用效应也比较明显。地方政府层级设置的相关奖项、奖励等在一定区域范围内认可度很高，其带来的利益及荣誉要远比企业层面的有含金量，对于大部分普通国有企业知识员工而言，此类荣誉具有获得的可能性，但同时也具有较高的难度和挑战性，获得此类荣誉对其职业生涯而言具有里程碑性质的意义，可以在很大程度上奠定其在企业内部及行业内的地位，对其激励性比较大。

L_welfa、L_intel、L_occup、L_envi 的回归系数分别为 0.0734、0.0662、0.0642 和 0.0437，地方政府层面的福利激励政策、知识产权保护政策、职业激励政策和环境激励政策对国有企业知识员工创新绩效存在作用效应，但作用力度有限，尤其是环境激励政策，作用力度是所有激励政策中最小的，其原因与中央政府层面环境激励政策的原因类似。

对模型（6-4）进行拟合，检验企业层面下不同内容创新激励政策对国有企业知识员工创新绩效的作用效应。表 6-9 中的模型（6-4）的整体拟合可决系数为 0.8043，解释变量对被解释变量的解释幅度为 80.43%，$F\text{-}statistic$ 的伴随概率为 0，$D.W$ 统计量为 2.1431，各偏回归系数的标准误差比较小，模型整体效果检验统计指标均较好，模型（6-4）拟合结果可用于分析实际问题。

表6-9　　　　　　　　模型（6-4）拟合结果汇总表

变量	回归系数	标准误差	t统计量	显著性水平
C	0.0738	0.0143	-0.7361	0.0852
E_sala	0.1204	0.0207	1.3215	0.0408
E_welfa	0.1179	0.0211	-1.7691	0.0341
E_occup	0.0874	0.0146	0.9537	0.0771
E_honor	0.0911	0.0476	0.7638	0.0709
E_envi	0.0631	0.0328	1.2566	0.0541
E_intel	0.0958	0.0179	0.7638	0.0437
$R-squared$	0.8043			
$Prob(F-statistic)$	0.0000			
$D.W$	2.1431			
$H.Q$	40.2054			

从表6-9中可以看出，各解释变量偏回归系数均为整数，从 t 检验的显著性水平来看，E_sala、E_intel 和 E_welfa 达到了5%的显著性水平，其他解释变量则通过了10%的显著性临界值。所以，在10%临界值下，各企业层面的内容创新激励政策对国有企业知识员工创新绩效均存在显著正向作用效应。

就解释变量回归系数来看，E_sala、E_welfa 的回归系数分别为0.1204和0.1179，位列所有解释变量中第一、第二的位置，薪酬激励政策和福利激励政策是国有企业提供的所有激励政策中对知识员工激励性最强的，对知识员工创新绩效的推动力度最大。相对于其他激励政策，企业层面的薪酬和福利政策是最直接也是最容易衡量的政策，对于知识员工创新行为的刺激最切实。同时，对于绝大部分普通知识员工而言，来自企业层面的薪酬和福利是其主要收入来源，是其个人及家庭生活来源的主要渠道，他们对企业给予的薪酬和福利水平也会更加关注，因此，企业层面的薪酬激励政策和福利激励政策对他们的创新绩效作用更明显。

E_intel、E_honor 和 E_occup 的回归系数分别为0.0958、0.0911和0.0874，企业层面的知识产权保护政策、职业激励政策和荣誉激励政策对国有企业知识员工创新绩效存在一定的正向作用效应，作用力度一般。E_envi 的回归系数最小，这与中央和地方政府层级一致，环境激励政策的作用力度最小，国有企业知识员工创新绩效对各层级的环境激励政策的反映度都很低。究其原因,一方面可能是我国大部分国有企业知识员工的需求层次还有限,对工作条件、组织氛围、企业文化及企业等环境因素要求较少,对各层级的环境激励政策关注较少,另一方面可能是各层级环境激励政策无法切实有效地迎合国有企业知识员工的需求偏好。

从上文分析可以看出,在10%临界值下,中央政府、地方政府和企业层面的各内容创新激励政策对国有企业知识员工创新绩效均存在正向作用效应,所以总体来看,国有企业知识员工创新绩效的各内容创新激励政策对创新绩效具有显著正向作用效应。结合模型(6-1)分析结论可以看出,无论是纵向维度下的整体作用效应,还是横向维度下的不同内容政策作用效应,创新激励政策都是显著正向作用于国有企业知识员工创新绩效的。

6.4.4 实证结果汇总

如表6-10所示,前文所提出的各命题均得到了实证检验,各命题均成立。总体来看,无论是纵向维度还是横向维度的激励政策对国有企业知识员工的创新绩效均存在比较显著的正向作用。虽然在影响力度和显著性水平上,不同层级、不同内容的激励政策之间存在差异,但均共同佐证了国有企业知识员工创新激励对创新绩效的重要作用效应。

表6-10　　　　　　　　研究命题检验结果汇总表

维度	命题内容	检验结果
纵向维度下的激励机制	创新激励政策有助于提升国有企业知识员工创新绩效	成立
	中央政府层级的创新激励政策对国有企业知识员工创新绩效具有显著正向作用效应	成立
	地方政府层级的创新激励政策对国有企业知识员工创新绩效具有显著正向作用效应	成立
	企业层级创新激励政策对国有企业知识员工创新绩效具有显著正向作用效应	成立
	不同层级创新激励政策对国有企业知识员工创新绩效作用力度不同,地方政府创新激励政策对国有企业知识员工创新绩效作用效应最明显	成立
	不同层级创新激励政策对国有企业知识员工创新绩效作用力度不同,地方政府创新激励政策对国有企业知识员工创新绩效作用效应最明显	成立

续表

维度	命题内容	检验结果
横向维度下的激励机制	薪酬激励政策对国有企业知识员工创新绩效具有显著正向作用效应	成立
	福利激励政策对国有企业知识员工创新绩效具有显著正向作用效应	成立
	职业激励政策对国有企业知识员工创新绩效具有显著正向作用效应	成立
	荣誉激励政策对国有企业知识员工创新绩效具有显著正向作用效应	成立
	环境激励政策对国有企业知识员工创新绩效具有显著正向作用效应	成立
	知识产权保护政策对国有企业知识员工创新绩效具有显著正向作用效应	成立

6.5 国有企业知识员工创新激励优化

6.5.1 纵向维度下的优化策略

（1）提升政府部门整体公共管理和公共服务水平

政府部门肩负着社会公共管理职能的同时，公共服务也是其非常重要的职责。政府部门作为公共管理者和公共服务者，提升其公共管理和服务水平是推动整个社会发展的必然要求，在"创新型"社会建设过程中，政府部门要为创新主体和创新参与者提供必要的社会创新制度、社会创新秩序等管理，同时应该为他们提供质量尽量高的公共服务，为创新的顺利展开和实施提供保障。国有企业知识员工是社会经济体系中不可或缺的重要组成部分，尤其是在我国社会主义市场经济体系下，国有企业知识员工的社会经济地位更加重要，不仅决定着国有企业的创新能力和创新绩效，也对整个社会的创新能力存在深远影响。国有企业知识员工创新过程中，需要具备良好的创新环境、优质的创新条件、融洽的创新氛围，这些都离不开政府部门。所以提升国有企业知识员工创新绩效需要政府部门不断提升公共管理和公共服务水平，不但要进一步完善针对研发、创新等方面的法律、法规体系，为知识员工的创新行为提供制度、法律等方面的保障，也要从创新环境、创新资源供给、创新激励政策制定等方面加强建设，保障知识员工的创新活动能够顺利开展，进而提升创新绩效。

(2) 准确定位国有企业在公共管理体系中的地位

国有企业的公共服务属性决定了其在社会公共服务体系中应该承担一定职责，而国有企业知识员工则在一定程度上具备了政府部门公务员的属性，所以国有企业知识员工创新绩效不仅仅关系到所在企业，也对整个社会的创新绩效存在深刻影响。因此，政策供给者在制定和实施适用于国有企业知识员工的创新激励政策时必须给予知识员工的社会响应力和影响力高度重视，其创新激励政策属于政府部门公共管理体系的组成部分。所以，政府部门在进行公共管理过程中，必须准确定位国有企业在公共管理体系中的地位，其知识员工是创新激励政策的激励对象，是自己公共服务的对象之一，同时国有企业知识员工在社会创新体系中的地位及社会响应力注定其也是公共管理的参与者，这种双重身份使得国有企业知识员工在"创新型"国家建设过程中的责任更重，也是政府部门从国有企业知识员工方向推动社会整体创新绩效提升所必须认识到的。

(3) 充分尊重人才市场规律

市场规律是市场经济体系有效运转的基础，我国国有企业知识员工的工作虽然具有浓厚的"行政"色彩，但是在社会主义市场经济不断发展的环境下，其也具有强烈的"市场性"。尊重人才市场规律是创新激励政策发挥效用，同时也是政府政策规避市场失灵的基本要求。在人才自由流动的市场环境下，国有企业知识员工创新积极性的激发、创新绩效的提升必须有符合人才市场规律、符合知识员工需求规律的激励政策作为催化剂。首先要准确判断可能出现政策失灵的情况，要正确认识创新激励政策供给过程中政府和市场的关系，尊重人才市场规律在人才流动和工作效率上的决定性作用。

让市场调节信号自主地在市场上形成，政策供给者尤其是政府部门应逐步降低对人才市场的直接干预，尤其是在规范和保护产权、加强市场监管促进公平竞争、完善创新要素市场建设等方面，更充分地运用市场友好型的功能性创新激励政策来不断规范和完善市场机制。对于政府投入缺乏风险分担功能的问题，应通过多层次的资本市场建设，有效利用资本市场对创新的选择和激励功能，完善对风险投资的引导和激励机制。同时，要发挥好政府科研项目对国有企业知识员工的激励功能，以竞争性为原则，支持各类知识员工以公平竞争的方式参与其中。中央政府部门应逐步完善科技创新统筹协调机制，堵住制度漏洞，提高创新资源配置的科学性，推动知识员工及整个国有企业开展实质性创新的步伐。此外，行政体制内部激励约束机制的不健全，可能会导致政策制定者和管理者的策略性行为，进而产生过度激励或无效激励等问题。为此，需要通过政府内部激励机制的调整和优化，形成政策供给部门、管理干部担当作为的系统化制度。

（4）注重中央政府层级政策的权威性与灵活性相结合

作为国有企业知识员工创新激励政策供给层级中的顶层，中央政府及各部委的政策供给要充分认清自己在整个供给体系中的定位，中央政府层级政策制定过程中应该充分发挥自己在激励政策供给体系中的导向性、战略性和制度性。我国国有企业虽然处于浓厚"行政"色彩环境下，其员工的工作职责和行为方式都处于国家政府行政管理框架下，中央层级政策供给的权威性不可挑战，但是随着我国国有企业体制改革，市场性也表现得越来越明显，人才市场规律对国有企业知识员工的影响越发深刻。同时，我国国有企业数量很多，有隶属于中央各部委的央企，也有隶属于各省、地级市等地方政府及相关行政机构的地方性国有企业，这些国有企业在所属行业、具体经营状况、管理特点等方面差异较大，其知识员工的工作特点、创新行为也有很大不同。若要有效激励多类型国有企业知识员工的创新行为，中央政府层级政策的"一刀切"肯定无法实现。从前文的实证分析也可以看出，中央政府的创新激励政策对创新绩效的作用力度有限，所以应该在保持中央政府层级政策供给权威性不受挑战的前提下，尽量给予地方政府以及国有企业在创新激励政策供给方面的灵活性。

对于央企性质的国有企业，相应地中央部委可以在知识员工创新激励思路、重点激励内容、激励幅度及宏观激励标准等方面给予引导和规划，其他具体激励措施可以交给国有企业自己。而对于地方性国有企业，则可以更明显地突出其战略性和权威，给予地方政府更多、更全面的激励政策制定权限。从前文分析内容可以看出，地方政府创新激励政策供给在纵向维度中处于主体地位，加大放权给地方政府可以有效提升整个激励政策体系的作用效果。

（5）突出地方政府层面政策的主体地位

从上文的理论分析和实证检验结果可以看出，地方政府的创新激励政策是国有企业知识员工创新激励政策供给体系中的最主要部分，对国有企业知识员工创新绩效的作用最明显，所以在政策供给过程中，地方政府要自觉承担起对国有企业知识员工创新激励的主要责任和义务。

首先,地方政府在中央政府层级政策的引导下,结合当地经济发展需要、重点产业发展方向、国有企业知识员工的实际规模和创新能力,要有针对性地制定创新激励政策,例如,安徽省合肥市为了实现"科技创新型"城市的战略目标,针对当地的智能语音产业、大型科技装置仪器产业等主要科技创新产业的知识员工制定创新激励政策,比如根据创新成果给予购房补贴、提高"五险一金"的缴存额度、提高相应行业内相关荣誉、奖项的奖励额度等。甚至地方政府可以对当地的重点国有企业知识员工设置特定奖项,以提升地方政府创新激励政策的针对性和效率。

其次,地方政府也要给予国有企业一定的政策制定自由度,在国有企业改制环境下,每家国有企业都有着自己的特点,在人力资源管理上的复杂性也不可一概而论,地方政府不可能在创新激励政策制定过程中对国有企业的实际情况面面俱到,不可能对每一家国有企业知识员工的激励和创新问题都制定相应的解决方案和政策。所以,地方政府可以在不影响当地国有企业知识员工创新激励政策整体体系、主要内容的基础上,给予国有企业制定相关创新激励政策的自主权,例如在知识员工创新绩效末端测评指标、知识员工弹性工作制度的具体制定等。

最后,可以结合政策供给的横向维度,突出地方政府层面的优势内容。上文实证分析显示,薪酬激励政策和荣誉激励政策是国有企业知识员工创新绩效最突出的两个地方政府政策供给内容,所以地方政府应该在薪酬激励政策和荣誉激励政策上加大供给力度,可以加大地方政府薪酬激励政策对国有企业知识员工的惠及面和奖励幅度,例如,提升知识员工"编制"的供给比例,提升知识员工的"五险一金"比例,将荣誉奖项与知识员工可获得绩效奖金、职称评定密切结合等。

(6)企业层面政策紧跟地方政府,关注激励政策细节

国有企业也需要在知识员工创新激励政策供给体系中发挥应有的作用,从前文内容来看,国有企业层级的创新激励政策对知识员工创新绩效的作用力度仅次于地方政府层级,并且这种作用效应在显著性水平上较高,对提升知识员工创新绩效意义明显。首先,国有企业要紧紧跟随归口政府部门的相关创新激励政策,这不仅是国有企业的性质所决定,更重要的是政府部门,尤其是地方政府部门制定的相关创新激励政策对知识员工创新绩效作用更加显著,出于效用最大化原则,国有企业应该对地方政府

层级的创新激励政策给予足够重视,并严格执行。其次,结合企业内部知识员工的具体情况,以及不同岗位职责和创新条件,对地方政府层级政策细化的同时,进行灵活运用和调整,必要时可以在地方政府政策的基础上增加相应激励条款。最后,善于借力,国有企业可以将中央政府层面和地方政府层面的相关激励政策,尤其是对知识员工创新绩效作用效应比较明显的政策,全面贯彻和执行的同时,加大在企业内部的宣传力度,树立典型和榜样,强化相关激励政策对知识员工心理的冲击,激发其创新意识。

(7) 强调知识产权保护法律法规体系的完善

各级政策供给者要进一步加强知识产权保护的立法和管理,为国有企业知识员工知识产权保护提供法制保障。中央层面政策供给者要坚持协调原则,依据国有企业知识员工实际情况和知识产权保护的特点构建一套能反映国有企业知识员工知识产权特色的法规体系,在制度层面为知识产权的所有者、使用者及社会整体提供法律保护框架。在确保知识产权所有者利益基准下,通过立法形式保护国有企业知识员工知识产权的使用者利益和社会公共利益,尽量避免制度性倾斜。此外,要加大对国有企业知识员工知识产权保护的财政支持力度。知识产权对我国国有企业的创新与发展有着重要推动作用,但与生俱来的高风险性使得部分知识员工长期处于创新动力不足的状态,因此,各政策供给者应该参与到创新保护中,比如,中央政府层面的机构和部门可以通过公共财政支持的形式引导知识员工创新、引导各市场主体参与到创新保护中,在维持创新利益稳定性的基础上,通过财政补贴形式使知识员工尽量避免可能面临的高风险。在当前环境下,我国还可以通过构建由国家财政支持的国有企业知识产权研发公共平台的形式保护创新,将金融、税收、补贴、保险等主体纳入该平台,确保各主体基准利益的同时,融入市场化手段,在产权明晰的基础上合理分配不同参与主体的利益,效率优先的同时兼顾公平,尤其对关系国计民生的战略性产业的知识产权研发给予大力扶持和保护。

6.5.2 横向维度下的优化策略

根据马斯洛需求理论,国有企业知识员工的需求存在多个层次,不同内容的创新激励政策满足知识员工的需求层次不同,对其创新绩效的作用效应也存在差别。从上文的实证分析可以发现,不同层级下的内容创新激励政策对国有企业知识员工创新绩效的作用效应差别较大,同一层级下的不同政策内容之间的作用效应同样差异较大,所以创新激励政策供给方应该根据不同内容政策之间的差异,制定和完善相应的创新激励政策内容。

(1) 进一步完善薪酬福利激励体系

国有企业知识员工获得的薪酬、福利水平反映了知识员工被企业、政府及社会认可的程度。薪酬、福利水平诠释了知识员工在企业甚至是社会生活中的存在形式。是判断知识员工价值和成功的重要标准,并且也是知识员工收入的首要来源,在一定程度上更是决定了知识员工及其家庭的生活水平和未来发展。从前文中国内外学者的研究成果来看,薪酬、福利对企业员工的激励作用很大,是激励政策中的最主要部分。而从本书研究内容来看,薪酬、福利激励政策在各层级创新激励政策供给中都处于非常重要的位置,对知识员工创新绩效的作用效应都很明显。所以,完善薪酬福利激励体系是推动国有企业知识员工创新绩效进一步提升的主要手段,也是各层级创新激励政策供给的必要内容。具体操作可以参考本书第 4.3 节内容,在此不再赘述。

(2) 拓展职业晋升通道

在国有企业中,一些知识员工为了薪酬提升、荣誉获取等而由研发岗、技术岗转到管理岗。但就某一企业、某一部门而言,管理岗位毕竟数量很少,再加上管理人员的选拔并不能做到完全的客观、公正,许多对管理岗位意向浓厚的知识员工无法达到目的,会从心理上挫伤其对职业发展的需求,进而工作积极性也会因此受到影响,为此,可以从以下几方面做起。

第一,职位晋升双通道。一直以来,国有企业员工职位晋升都与一定的行政职务相挂钩,可以尝试改变这种传统的员工晋升模式,顺应现代企业管理趋势,实现国有企业组织架构的扁平化。为了给知识员工提供更多的晋升渠道、更大的晋升空间,可以针对国有企业知识员工设立技术晋升机制,对于那些业务能力突出、创新效果明显的知识员工,国有企业可以提供给知识员工相应的技术职务,弥补行政职位的不足,这种技术职务与相应的行政职务除了在具体岗位职责上不同外,在享受到的相关薪资福利、岗位级别是一致的,有助于满足知识员工在职业发展上的需求,推动其创新积极性和创新绩效的提升。

第二,全面考察知识员工。获得职位晋升对国有企业知识员工的专业技术和创新能力有很高的要求,同时对于较高的职位往往还需要在个人品行、职业道德等方面达到要求,所以需要对拟晋升的知识员工从德、能、勤、绩四个方面全面考察。向知识员工传达更加全面、正确、科学的职位晋升理念,让知识员工产生全面提升个人能力的思想意识,而不是投机取巧、攀附权贵的方式。

第三,职务动态的调整。我国国有企业员工职位晋升一直处于一种"只能上、不能下"的状态,一位员工的职位一旦提升相应的级别,如果没有出现严重的违反法律法规的问题,一般其职务级别不会下降,给员工一种"一劳永逸"的观念,在评级之前会很努力地工作,一旦获得相应的职位和级别之后往往会产生一定的懈怠情绪,其工作积极性会大大降低,同时长期占据着某一个职位使得其他表现得更优秀的员工的职位晋升空间大大缩小。所以,激励政策供给者可以建立国有企业知识员工职务的动态调整制度,形成知识员工尤其是管理层员工的职位、职称有升有降的动态调整机制。

第四,帮助知识员工进行职业生涯规划。国有企业知识员工普遍受过良好的教育,掌握一个甚至多个领域的专业技能,这类员工比国有企业的普通员工有更高的职业发展需求。所以,国有企业可以采取多种措施帮助知识员工进行合理的职业生涯规划:一是通过定期、系统的讲座、论坛等方式为知识员工提供职业生涯规划服务;二是建立企业内部、"联姻"单位之间的岗位变动机制,尤其是国有企业内部的轮岗机制,可以帮助知识员工熟悉更多的岗位工作、掌握更多的专业技能;三是通过定期对知识员工的技术水平、职业目标、专业兴趣等进行测评,安排具有潜力和意愿的知识员工进行学习和承担新的职责。

(3) 强化环境激励政策的广度和深度

从前文分析可以看出,各层级的环境激励政策对国有企业知识员工创新绩效的作用效应都很弱,环境政策激励效果发挥得很有限,所以,各方政策供给者需要强化环境激励措施的广度和深度,提升环境政策的激励效果。

第一,给予知识员工充分的社会尊重和肯定。科学技术是第一生产力,无论对于微观组织,还是宏观社会经济体系,知识员工的作用和价值要比普通员工更高,给予知识员工充分的社会尊重和肯定有助于职业自豪感、社会责任感的提升,进而能促进其创新绩效的提升。首先在国家宏观层面,要继续强调"科技兴国""人才兴国"的理念,同时可以加大对国有企业中有突出贡献和创新的知识员工的宣传、推广，树立典型和榜样，扩大国有企业知识员工的社会知名度，提升其社会认可度，以提升社会对知识员工的尊重和肯定。此外，还可以通过设置相关行业或岗位知识员工的节假日、给予一些社会特权的方式提升其社会认可度，比如设置针对高精尖技术创新的知识员工的节假日，给予知识员工参观、游览相关景区门票优惠等特权的方式提升社会的尊重。其次，对国有企业知识员工的尊重和肯定要切实落脚于企业管理实务中。知识员工对国有企业的贡献更高，在具体企业管理中，管理层要给予知识员工更多的尊重，转变传统观念，绝不能认为知识员工是"高级打工仔"，而应将其看作企业生存和发展的根本性保证，管理者要做到对其充分理解、平等沟通。

第二，营造浓厚的个人成就环境。相比于普通员工，知识员工个人成就动机更强烈，他们在工作面前会表现出更强的求胜心。个人成就感的获得主要来自工作成果以及与同事的比较，政策供给者从这两个方面着手营造浓厚的个人成就环境有助于提升其创新绩效。一方面，政策供给者、管理者可以给予知识员工更多的工作自主权和更大的自由创新空间，充分发挥他们的主动性和创造力，使其能够随机应变。如果工作成果充分体现了知识员工个人的智慧和能力，其自身的个人成就感便会相应提升。另一方面，可以在国有企业内部、行业内部及区域范围内营造一种适度、良性的竞争制度和环境，制定一套对知识员工创新成果快速认定和广泛宣传的机制，使得获得成果的知识员工能够快速感受到努力创新带来的个人成就感，同时给其他知识员工形成一种无形的心理压力，促使其他知识员工产生一种必须"快马加鞭、迎头赶上"的紧迫感，进而提升知识员工间的竞争性，促进知识员工创新绩效的提升。

第三，培养优秀的企业文化。优秀企业文化的培养在一定程度上也能达到提升国有企业知识员工创新绩效的目的。

首先，可以从企业管理制度改革上着手。我国国有企业一般都具有成立时间长、规模大的特点，但是这也使国有企业的发展受到了限制，所以国有企业应当直面激烈的市场竞争，在政策允许的框架下尽量优化自身的管理制度，培养一种开放、包容、上进的企业文化，鼓励创新和尝试。

其次，树立良好的国有企业形象。国有企业的形象在一定程度上代表了国家和政府的形象，良好的企业形象有助于提升外部公众对国家政府及其提供的产品或服务的认可，也有助于提升知识员工职业归属感和对企的认同感，对其工作积极性和创新绩效也有很大的推动作用。

再次，坚持以人为本的管理理念。受计划经济管理思想的影响，一些国有企业管理中的官本位思想、职务等级观念还比较浓厚，现代企业管理中的"人本"理念比较缺乏，所以国有企业应当在"人本"理念下，依据公平和效率原则为知识员工提供薪酬福利，给予知识员工更多的关心和爱护，强化其"主人翁"意识。

（4）关注荣誉激励

根据前文的实证分析，地方政府的荣誉激励政策对国有企业知识员工创新绩效的作用效应比较明显，而在中央政府层面以及企业层面，荣誉激励政策的作用效应虽然并不是很突出，但也是推动国有企业知识员工创新绩效提升的重要内容。所以政策供给者也应该给予荣誉激励政策供给足够的重视。

第一，控制荣誉评选数量，提升荣誉价值。虽然荣誉激励政策对国有企业知识员工创新绩效有一定的正向作用效应，但假如荣誉数量过多、过滥，则会大大降低荣誉激励政策的作用效应。荣誉项目过多、奖励的员工数量过多会给国有企业知识员工带来一种"含金量低"的感觉，获得者对荣誉的珍惜度降低，未获得者对其渴望度也会降低。所以在设置相关荣誉时，既需要控制荣誉奖项的种类，也需要控制奖励员工的数量，让知识员工感受到荣誉获得的难度并产生一种来之不易的感觉，提升知识员工对荣誉的肯定和珍惜程度，进而提升其创新积极性。地方政府层级的荣誉激励政策的作用效应之所以表现得比较突出，重要的原因之一就是地方政府颁发的相关荣誉和奖励的数量较少、获得难度较大，绝大部分国有企业知识员工感觉存在获得可能性的同时，更重要的是在荣誉体系中"价值"较高。对此，地方政府部门和企业需要对现有荣誉、奖项的数量和级别做好梳理，尤其是地方政府部门需要重点推广少数几种荣誉，每期的颁发数量也需要给予控制。同时，需要设定较高的荣誉评选标准和条件，提升获得难度，突出荣誉获得者在同类知识员工中的先进性，取得社会各界对相关荣誉肯定的同时，也可以提升相关荣誉的社会公信力。

第二，提升荣誉评选程序的规范性和公平性。从前文分析可以看出，公平性是创新激励政策发挥激励作用的重要条件，也是政策供给激励效用的重要产生机理，只有国有企业知识员工人认为荣誉评选程序是公平公正的，才会凭借自己的努力和创新积极地追求该荣誉，其他未获得者才会对荣誉获得者产生敬佩感。所以，适用于国有企业知识员工的各种荣誉的评选程序必须保障规范性和公平性，在评选的标准、候选人资格审查、最终审定等各环节均必须严格按照规范程序进行，尽量避免荣誉评选负责部门和人员的主观色彩，提高知识员工对评选程序的认可度。从而让真正有能力、有贡献的知识员工获得荣誉，切实提升知识员工对相关荣誉的价值感和创新积极性。

拓展阅读

亚伯拉罕·哈洛德·马斯洛是第三代心理学的主要开创者之一，他将精神分析心理学、行为主义心理学及美学思想相融合开创了人本主义心理学，提出了包括需求层次理论、人本主义心理理论等在内的经典理论，《动机和人格》《存在心理学探索》《人性能达到的境界》等是其经典代表作，他是享誉世界心理学界及管理学界的著名社会心理学家。

1908年4月1日，亚伯拉罕·哈洛德·马斯洛出生于美国纽约的一个犹太家庭，1934年获得威斯康星大学心理学博士学位，1937年受聘为布鲁克林学院副教授，1951年任布兰戴斯大学心理学教授，1967年任美国人格与社会心理学会主席和美国心理学会主席，1970年6月8日因心力衰竭逝世。在马斯洛逝世后不久的1970年8月，国际人本主义心理学会正式成立，1971年美国心理学会设置了人本主义心理学专业委员会，这标志着人本主义心理学思想获得国际心理学界的正式承认，正式成为心理学的一个重要分支。遗憾的是，马斯洛本人未能亲眼见证这一历史时刻。

需求层次理论是管理学领域，尤其是人力资源管理方面最为知名的理论之一，是马斯洛最具代表性的理论成果之一，所以也被称为马斯洛需求层次理论。该理论指出，人对物质、精神等方面的需求存在不同层次，在不同时期对不同层次的需求迫切程度不一样，人的需求是逐步由低层次到高层次、由外部需求到内部需求转化的，根据最迫切需求制定激励方案可以达到最有效的激励人的行为的目的。

马斯洛在不同时期提出的需求层次观点有一定差异，在相关书籍上出现最多的是马斯洛五层次需求理论，这是其早期提出的需求层次理论观点，也是学术界认可度最高的。该理论指出，人的需求由低到高可以分为生理需求、安全需求、社交（感情与归属）需求、尊重需求和自我实现需求五个层次（见图6-2）。后来，他在五层次需求理论基础上进一步将人的需求细化，提出了更加细化的七层次需求理论，这七层次需求由高到低分别是生理需求、安全需求、社交需求、尊重需求、认知需求、审美需求和自我实现。

马斯洛还指出，人的需求在满足顺序上是由低到高循序渐进的，只有人的低层次需求得到满足后才会追求更高层次的需求。虽然这在一定程度上反映了需求层次理论的机械性，但其理论体系的完整性及对管理、教育的贡献是不可否认的。

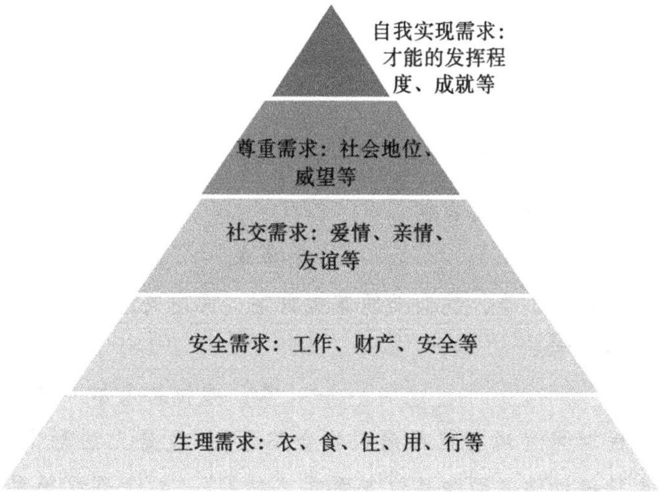

图6-2 马斯洛五层次需求理论图

第 7 章

问卷设计与调研

没有调查,就没有发言权。

——毛泽东

为了从事实际工作,我们必须掌握数字,而中央统计局应该比谁都更早地掌握这些数字。

——[苏]弗拉基米尔·伊里奇·列宁

在我生病期间(现在但愿病很快会痊愈),我是无法写作的,但是,我吞下了大批统计学方面和其他方面的"材料",对于那些肠胃不习惯于这类食物并且不能把它们迅速消化的人来说,这些材料本身就足以致病。

——[德]卡尔·马克思

引 例

1936 年,正值美国总统换届选举之年,有兰登和罗斯福两位候选人。当时的一本杂志——《文学文摘》对两位候选人的获胜概率进行了问卷调查,将 1000 万份问卷调查表随杂志发出,最后收回有效问卷 237 万份,统计结果显示兰登会获胜。与此同时,有一位研究人员乔治·盖洛普运用另外一种方法——抽样调查法对两位候选人的获胜概率也进行了分析。他在全美国随机选取了 1000 个样本,最后分析结果显示罗斯福将获胜。当年的大选结果最终以罗斯福获得1800万张选票而当选总统,而兰登当年只获得了700万张选票。这件事使得盖洛普所采用的这种调查方法在全球引起了轰动[①]。值得思考的是,为什么《文学文摘》调查的样本如此之大,而分析结果却与实际结果相差如此之大呢?主要原因在于所选取样本的科学性,《文学文摘》所发放的调查问卷主要是那些具有一定文化水平、经济较宽裕的人,而在当时的美国有相当一部分国民的文化水平和收入水平有限,他们没有闲暇的时间读书,也没有富裕的收入购买书籍,但他们也有资格参与总统选举的投票,《文学文摘》的调查忽略了这类人群。所以科学、合理的问卷调查是准确、客观分析社会经济问题的重要内容。

7.1 问卷设计原则

通过问卷调查获取数据是管理学研究中经常应用的一种方法,研究结果是不是科学有效取决于问卷调查的质量,本书调研问卷的设计原则主要有以下几点:第一,问卷的内容和题项不宜过多,受访者在20分钟内完成问卷作答;第二,问卷内容和题项要紧紧围绕研究主题,题项描述清晰、易于理解,尽量避免题项表达出现歧义现象;第三,题项设计要尽量保持公平公正,尽可能避开出现引导、暗示答题者的情况;第四,问卷内容和题项尽量避免社会敏感话题及个人隐私性问题。

为了进一步提升调研问卷内容和题项的可读性、易于理解,本书的调研问卷还采用了如下方法:

首先,在问卷中清楚地规定受访者必须是国有企业知识员工,调研问卷的受访者的个人背景中包括职务、学位等情况,问卷中关于中央政府、地方政府、企业层面的政策及创新绩效的题项主要基于国有企业知识员工

---

① 韦博成. 漫画信息时代的统计学 [M]. 北京:中国统计出版社,2011.

当前现状来回答，无须回忆、考虑以往情况。

然后，在调查问卷之初明确向被调查者说明本次调研获取的数据和资料仅用于学术研究，不做其他任何商业用途，并且采用匿名作答的形式，不用填写受访者所在企业名称和个人真实姓名，以此保护好受访者隐私和个人信息，打消受访者的顾虑，进而能够客观、真实地回答相关问题。

最后，为了防止题项表达不清楚，对调查问卷的内容进行多次修改，并通过咨询相关领域的学者和专家了解相关情况，对问卷内容进一步调整，最终形成本书的预调查问卷。

7.2 问卷设计与预调研

7.2.1 问卷内容设计

根据本书研究内容并结合上述设计原则，本书调研问卷设计主要分为以下几个部分：第一，在国内外文献基础上，结合前文国有企业知识员工创新激励政策供给内容，形成本书调研问卷的初始量表；第二，借鉴现有学术界的成熟量表，采用了回译（back-translation）的方法以真实地再现测量条款的原始真实含义；第三，结合我国国有企业知识员工激励现状与特点，并通过征求相关企业高管与专家意见等方式，对量表进行适当的调整与补充，最后形成本书的初始问卷。具体来看，初始问卷主要包括以下几个部分：第一部分是被调查者及其所在企业的基本情况介绍；第二至第四部分分别为企业层面、地方政府层面和中央政府层面知识员工创新激励政策测量题项；第五部分为国有企业知识员工工作态度测量题项；第六部分为国有企业知识员工创新绩效测量题项。初始的调查问卷包括153个题项，其中8个题项用于反映知识员工的基本信息，第二、第三、第四部分各有34个题项，第五部分有13个题项，第六个部分有30个题项。变量的测量采用结构化问卷方式，采用李克特5级量表对变量进行度量，"1"表示"完全不符合"，"2"表示"比较不符合"，"3"表示"不符合","4"表示"比较符合","5"表示"完全符合"。

7.2.2 问卷测量题项设置

(1) 薪酬激励政策初始测量题项

学术界关于薪酬激励体系及测量方面的研究比较丰富,为本书研究提供了较好的基础和借鉴。Chen、Ford 和 Farris(1999)在对员工激励体系进行研究过程中,将企业员工的货币性报酬分为个人固定报酬、个人短期可变报酬及集体性报酬①。而国内学者黄志坚(2010)在探讨企业技术创新型人才的薪酬与个人敬业程度、绩效管理之间的关系时,借鉴了 Chen(1999)开发的外部经济性报酬量表,研究显示其量表的克朗巴哈系数达到了 0.945,该量表具有较高的内部一致性与协调性②,并且利用该量表研究了我国国有企业中知识员工个体的创新绩效问题,探讨了影响我国国有企业知识员工创新的主要因素,知识员工是一个普遍且特殊存在的群体,相对于普通员工来说,这种以薪酬激励为主的经济性激励体系与政策之间存在一定的特殊关系。因此,本书借鉴以上学者的研究成果,并结合我国国有企业知识员工的实际情况设置薪酬激励政策的初始测量条款,共包括 7 个题项。

(2) 福利激励政策初始测量题项

福利体系在企业员工创新活动中起着主导性作用,为知识员工提供一定的福利享有权利的同时,可以达到员工的安全需求。Rumpel 和 Meddcof(2006)以高新技术企业员工为研究对象探讨了福利激励政策体系,认为福利激励内容主要包括关注员工的身体健康情况、完善退休制度、公司员工储蓄的多少与带薪休假的次数③。钟宁桦(2013)在研究企业员工福利激励时,将员工的工资、工作时间、保险保障水平、教育培训水平、工作事故发生故率、遣散福利、医务室和托儿所的管理,以及将员工在公司工

---

① Chen C. C., Ford C. M., Farris G. F. Do reward benefit the organization? The effects of reward types and the perceptions of diverse R&D professionals [J]. Engineering Management, 1999, 46 (1): 47-55.

② 黄志坚. 全面报酬、敬业度和绩效的作用关系研究 [D]. 武汉:武汉大学博士学位论文, 2010 (6).

③ Rumpel S., Meddcof J. W. Total rewards: good fit for tech workers [J]. Research-Technology Management, 2006, 49 (5): 27-35.

作年限纳入绩效测量指标体系内①。参考以上各学者的研究成果，本书设置了6个初始题项度量国有企业知识员工福利政策激励水平。

（3）职业激励政策初始测量题项

国内外一些学者在研究中也涉及了企业员工职业发展、职业晋升等方面激励政策的测量条款，ONeal（1998）基于全面报酬理论研究了企业员工个人学习与发展问题，认为员工的职业发展的衡量主要包括事业发展、学习发展、绩效管理、培训辅导及监督等方面指标②。李君安（2014）的研究将职业晋升分为四个方面，包括职务晋升、工资等级晋升、提拔或晋升机会、换单位获得晋升机会，对员工晋升激励情况进行测量③。本书借鉴现有文献中的职业激励测量条目，结合实际访谈情况设置了7个知识员工职业激励政策初始测量题项。

（4）荣誉激励政策初始测量题项

荣誉激励政策主要从精神上、心理上刺激知识员工的创新积极性，满足了实现员工社会尊重和自我价值的需求，一般来说可以通过不同的形式进行，如：评选先进、通报表扬、事迹报道、向员工授权等。通过这些途径让员工感觉到自身价值被认可，得到了同业甚至社会的尊重，从而进一步激发其更加积极、努力地实现创新。

对荣誉激励政策的测量，国内外不少学者给出了不同的量表，比如陈爽英等（2005）认为精神激励是企业员工非物质激励的重要内容，员工的成长速度、获得奖项和荣誉等均应该成为企业员工荣誉激励政策制定的重要内容④；Bilal、Yuosre和Umar（2016）用员工获得的各层次的奖项及各类型的表扬作为测量荣誉激励政策的量化条款⑤；李志和朱欣灵（2017）认为公共荣誉激励政策应该包含多种精神层面的荣誉条款，奖

---

① 钟宁桦. 公司治理与员工福利：来自中国非上市企业的证据［J］. 经济研究，2013（12）：137-151.

② ONeal S. The phenomenon of total rewards［J］. ACA Journal，1998（7）：6-18.

③ 李君安. 晋升与企业员工幸福感关系研究：基于中国全国综合调查数据的实证分析［J］. 企业经济，2014（10）：85-89.

④ 陈爽英，唐小我，倪得兵，等. 经营者组合激励中非物质激励的价值分析［J］. 中国管理科学，2005（1）：13-18.

⑤ Bilal A., Yuosre B., Umar S. K. Linking spiritual leadership and employee pro-environmental behavior: the influence of workplace spirituality, Intrinsic motivation, and environmental passion［J］. Journal of Environmental Psychology，2016（3）：79-88.

项、荣誉称号、媒体宣传和表扬均应该纳入企业员工荣誉激励的框架[①]。本书参考以上各学者的研究，从荣誉激励政策制定的科学性、吸引力、获得相关奖项的难度等方向设置了5个国有企业知识员工荣誉激励政策初始测量题项。

（5）环境激励政策初始测量题项

国内外学者关于环境激励政策测量条款的设置分歧比较大，例如，Amabile（1998）通过对工作环境与创造力等因素的研究，综合环境的正负效应开发了包含组织鼓励、上司支持、充足资源、组织障碍等因素的较为全面的环境激励政策量表[②]。Srivastava（2008）主要将环境激励政策测量划分为氛围工作条件、安全保障、外在气氛等三个方面[③]。吕萍（2014）从场所设施、公司制度、企业文化、同事关系及上下级关系等五个方面对我国国有企业的知识员工的环境激励进行了测量[④]。本书借鉴现有文献中的职业激励测量条目，结合实际访谈情况设置了5个知识员工职业激励政策初始测量题项。

（6）知识产权保护激励初始测量题项

国内外学者对于知识产权保护政策测量条款设置的分歧相对比较小，大多数学者是从知识产权保护法律法规的完善性、对侵犯知识产权行为的打击力度、知识产权交易市场的完善性等角度进行测量的。例如，许钟元（2018）从知识产权保护强度角度对我国知识产权保护状况进行了测量[⑤]，翁润（2019）从知识产权保护水平[⑥]，胡朝阳和任俪文（2020）从知识产权保护立法等方向对知识产权的保护进行了测量和量化分析[⑦]。本书综合

---

① 李志，朱欣灵．公共部门员工荣誉激励困境及效果提升研究［J］．重庆大学学报（社会科学版），2017（1）：115—123．

② Amabile T. M. How to kill creativity［J］．Harvard Business Review，1998（5）：76-87．

③ Srivastava A. K. Effect of perceived work environment on employees' job behavior and organizational effectiveness［J］．Journal of the Indian Academy of Applied Psychology，2008，34（1）：47-55．

④ 吕萍．非物质激励与员工敬业度的关系研巧：以工作情感为中介变量［D］．厦门：厦门大学博士学位论文，2014（12）．

⑤ 许钟元．知识密集型企业技术创新知识产权管理研究［D］．哈尔滨：哈尔滨工程大学博士学位论文，2018（6）．

⑥ 翁润．知识产权保护对中国企业创新的影响研究［D］．南京：南京大学博士学位论文，2019（5）．

⑦ 胡朝阳，任俪文．传统手工艺品的知识产权保护困境与出路：以手工绣制品为例［J］．重庆大学学报（社会科学版），2020（11）：10—18．

现有文献中的测量题项,从知识产权保护法律法规的完善性、对侵犯知识产权行为的打击力度、知识产权交易市场的完善性等角度在各纵向维度上设置了4个国有企业知识员工知识产权保护激励政策初始测量题项。

(7) 知识员工工作态度初始测量题项

不同学者根据不同的研究目的和研究视角,开发设计了不同的测评量表。本书在对以往相关研究文献进行系统梳理和总结的基础上,结合我国国有企业知识员工的基本特点以及对知识员工工作态度结构维度要素的划分,提出了国有企业知识员工工作态度的初始度量内容。其中,国有企业知识员工工作满意度测评量表主要是要求受测者就工作本身、薪资、升迁、管理(监督)及同事等五个方面评估其满意度。关于对国有企业知识员工组织承诺的度量,对员工组织承诺划分和评价内容包括情感承诺、规范承诺、理想承诺、经济承诺和机会承诺等五个方面。对国有企业工作投入的度量,从工作满意度、组织承诺和工作投入三个方面设置了13个国有企业知识员工工作态度的初始测量题项。

(8) 知识员工创新绩效初始测量题项

国内外一些学者在知识员工创新绩效量表设置上进行了研究,但知识员工的创新活动是一个相对比较复杂的行为,创新绩效受到的影响因素也非常复杂,现有文献关于创新绩效量表的设置有从管理学角度的设置,也有从经济学角度的设置。本书借鉴经济合作与发展组织(2005)[①]、Chen 和 Huang(2009)[②] 学者的研究成果,从创新行为和创新成果两个维度对我国国有企业知识员工创新绩效进行测量,该两个维度是目前持两个维度观点学者使用最广泛的,同时从两维度进行测量,既避免了单维度的粗略划分,同时也可以不至于过分细化。从创新行为和创新结果两个维度设置国有企业知识员工创新绩效量表,包括获得专利数量、创新周期、技术的贡献度等30个初始题项。

为了提高问卷调研题项设置的科学性,首先邀请具有丰富经验的人员对问卷中的题项进行适当性检验,共邀请1名教授、1名企业高管和3名博士研究生检验题项的清晰性和针对性,并就存在歧义和表述不清晰的题

---

① 经济合作与发展组织官网(https://www.oecd.org/)。
② Chen C. J., Huang J. W. Stratagem human resource practices and innovation performance: the mediating role of knowledge management capacity [J]. Journal of Business Rescarch, 2009 (1): 104-111.

项给出修改意见,以进一步完善问卷中个体现的表述,最终形成了包含 8 个基本信息题项和 145 个测量题项的初始问卷调查表。

7.2.3 问卷预调研与调整

(1) 预调研样本选择与数据收集

本书以国有企业知识员工为调研对象,首先选取了包括技术人员、管理人员和研发人员在内的 100 位国有企业知识员工为测试调研样本。在调查过程中检验调查问卷题项是否存在受访者难以对问卷作出准确理解和回答等现象(不理解问卷题项意思、不理解问卷题项备选项意思、应答者回避问题),若存在此类问题则根据实际情况进行相应修正。

为保证样本数据的有效性,对回收的问卷进行筛选,删除作答有错误、作答明显敷衍的问卷。共发放 100 套预测试问卷,回收有效、可用问卷 84 套,有效回收率为 84%。另外在问卷中设置了"您对本问卷有何建议或者疑问"这一问题,被调查者可对问卷设计存在的问题提出相应的改进建议,以便问卷的进一步完善。

(2) 问卷题项分析与调整

虽然本书调研问卷的设计参考和借鉴了国内外优秀文献中比较成熟的量表,但随着时间的推移,现阶我国国有企业的经营环境已经发生了巨大变化,同时地域上也存在较大差异,所设计的初始量表和相关题项对我国国有企业知识员工创新激励政策的测量存在一定的不确定性。所以,首先对本书所设计的初始问卷题项进行分析和调整,然后再进行基于确保问卷信度与效度完备的正式问卷调查。在问卷题项分析过程中,常用的是临界比值法,依据测试总分区分高低组,利用 t 检验判断高低组各题项平均数差异的显著性,临界值一般设为 3.00,未通过临界值的题项应予删除。同质性检验是个别题项筛选指标,量表内部一致性检验和共同性因素负荷量检验也是重要的分析内容。假如题项删除后的量表内部一致性水平高出原来较多,此题项与其他题项的测量属性同质性较低,应该考虑删除。共同性表示题项可以解释共同特质的变异量,因素负荷量是题项与因素的相关程度,因素负荷量越高,说明题项与共同因素的关联性越大,通常因素负荷量临界值设定为 0.45,共同性临界值为 0.2。

①中央政府层面问卷题项分析

表 7-1 为中央政府层面的国有企业知识员工创新激励政策量表关于

极端组比较、题项与总分相关、同质性检验结果。从表中可以看出，薪酬激励量表中的 7 个题项中，ZX-3、ZX-4、ZX-7 均有若干个指标未达到检验标准，将此 3 个题项从初始量表中删除，仅保留剩余的 4 个题项。在福利激励量表中，题项 ZF-2 和 ZF-4 分别有 3 个和 4 个检验指标未通过检验临界值，删除此 2 个题项，福利激励量表中仅保留 4 个题项。荣誉激励题项中 ZR-3 有 3 个指标未通过检验临界值，应删除，初始量表剩余 4 个题项。职业激励量表中的 ZZ-4、ZZ-6 和 ZZ-7 未通过检验，给予删除，初始量表剩余 4 个题项。环境激励量表中的 ZH-4 未通过检验，所以应该删除，初始量表也仅剩余 4 题项。知识产权保护激励量表中的各题项均通过检验。所以，经过题项分析，中央政府层面的创新激励政策量表在横向上的题项仅剩余 24 个。

表 7-1　　　　　中央政府层面问卷题项分析结果汇总表

激励类型	题项	极端组比较决断值	与总分相关系数	同质性检验			未达标指标个数	备注
				题项删除后的 α 值	共同性	因素负载量		
薪酬激励题项	ZX-1	5.607	0.551	0.667	0.465	0.557	0	保留
	ZX-2	5.863	0.683	0.683	0.494	0.583	0	保留
	ZX-3	1.528	0.249	0.767	0.237	0.588	3	删除
	ZX-4	2.151	0.355	0.715	0.368	0.315	3	删除
	ZX-5	7.669	0.673	0.722	0.682	0.537	0	保留
	ZX-6	4.739	0.488	0.737	0.233	0.491	0	保留
	ZX-7	2.827	0.218	0.594	0.162	0.408	4	删除
	标准	≥3	≥0.4	≤0.747	≥0.2	≥0.45	—	—
福利激励题项	ZF-1	10.528	0.737	0.712	0.428	0.614	0	保留
	ZF-2	3.668	0.444	0.753	0.176	0.318	3	删除
	ZF-3	8.792	0.564	0.721	0.482	0.583	0	保留
	ZF-4	2.531	0.183	0.776	0.106	0.486	4	删除
	ZF-5	3.637	0.428	0.727	0.374	0.472	0	删除
	ZF-6	5.116	0.538	0.715	0.579	0.558	0	保留
	标准	≥3	≥0.4	≤0.738	≥0.2	≥0.45	—	—

续表

激励类型	题项	极端组比较决断值	与总分相关系数	同质性检验			未达标指标个数	备注
				题项删除后的α值	共同性	因素负载量		
荣誉激励题项	ZR-1	4.546	0.584	0.684	0.323	0.571	0	保留
	ZR-2	3.738	0.507	0.691	0.557	0.728	0	保留
	ZR-3	2.584	0.457	0.741	0.161	0.466	3	删除
	ZR-4	7.528	0.628	0.672	0.473	0.637	0	保留
	ZR-5	4.921	0.434	0.709	0.349	0.561	0	保留
	标准	≥3	≥0.4	≤0.731	≥0.2	≥0.45	—	—
职业激励题项	ZZ-1	6.274	0.755	0.734	0.548	0.488	0	保留
	ZZ-2	5.528	0.417	0.716	0.467	0.604	0	保留
	ZZ-3	7.728	0.539	0.589	0.507	0.538	0	保留
	ZZ-4	3.728	0.152	0.762	0.255	0.315	3	删除
	ZZ-5	3.284	0.628	0.674	0.248	0.567	0	保留
	ZZ-6	2.254	0.269	0.774	0.237	0.405	4	删除
	ZZ-7	1.849	0.127	0.726	0.174	0.367	4	删除
	标准	≥3	≥0.4	≤0.751	≥0.2	≥0.45	—	—
环境激励题项	ZH-1	8.274	0.537	0.637	0.457	0.474	0	保留
	ZH-2	5.415	0.676	0.692	0.267	0.569	0	保留
	ZH-3	4.849	0.468	0.643	0.354	0.514	0	保留
	ZH-4	2.537	0.565	0.746	0.283	0.576	4	删除
	ZH-5	7.154	0.678	0.701	0.387	0.612	0	保留
	标准	≥3	≥0.4	≤0.724	≥0.2	≥0.45	—	—
知识产权保护题项	ZC-1	5.518	0.537	0.679	0.308	0.505	0	保留
	ZC-2	4.611	0.763	0.713	0.288	0.495	0	保留
	ZC-3	6.438	0.628	0.688	0.437	0.568	0	保留
	ZC-4	3.492	0.507	0.639	0.291	0.601	0	保留
	标准	≥3	≥0.4	≤0.719	≥0.2	≥0.45	—	—

②地方政府层面问卷题项分析

表7-2为地方政府层面的国有企业知识员工创新激励政策量表的统计检验结果,通过分析各题项的检验指标可以发现,薪酬激励量表中DX-2、DX-4、DX-7未通过检验,福利激励量表中DF-5未通过检

验，荣誉激励量表中 DR-5 未通过检验，职业激励量表中 DR-1、DR-2 和 DZ-7 未通过检验，环境激励量表中的所有题项均通过了检验，知识产权保护题项中 DC-1 未通过检验。所以最终地方政府层面的国有企业知识员工创新激励政策量表剩余 22 个题项。

表 7-2　　　　　　　地方政府层面问卷题项分析结果汇总表

激励类型	题项	极端组比较决断值	与总分相关系数	同质性检验			未达标指标个数	备注
				题项删除后的 α 值	共同性	因素负载量		
薪酬激励题项	DX-1	4.805	0.544	0.679	0.327	0.643	0	保留
	DX-2	1.841	0.327	0.682	0.368	0.427	3	删除
	DX-3	5.041	0.615	0.707	0.428	0.583	0	保留
	DX-4	2.528	0.313	0.728	0.308	0.527	3	删除
	DX-5	3.749	0.525	0.694	0.314	0.576	0	保留
	DX-6	3.283	0.615	0.679	0.583	0.546	0	保留
	DX-7	1.748	0.243	0.725	0.426	0.245	4	删除
	标准	≥3	≥0.4	≤0.709	≥0.2	≥0.45	—	—
福利激励题项	DF-1	6.274	0.542	0.674	0.376	0.537	0	保留
	DF-2	7.291	0.573	0.651	0.674	0.604	0	保留
	DF-3	4.497	0.605	0.721	0.405	0.525	0	保留
	DF-4	7.014	0.476	0.705	0.741	0.491	0	保留
	DF-5	2.316	0.684	0.721	0.184	0.367	3	删除
	DF-6	5.276	0.634	0.687	0.437	0.546	0	保留
	标准	≥3	≥0.4	≤0.738	≥0.2	≥0.45	—	—
荣誉激励题项	DR-1	4.546	0.676	0.704	0.541	0.654	0	保留
	DR-2	8.521	0.713	0.713	0.234	0.491	0	保留
	DR-3	7.641	0.604	0.676	0.667	0.554	0	保留
	DR-4	7.013	0.527	0.709	0.756	0.528	0	保留
	DR-5	2.348	0.308	0.723	0.187	0.337	5	删除
	标准	≥3	≥0.4	≤0.725	≥0.2	≥0.45	—	—

续表

激励类型	题项	极端组比较决断值	与总分相关系数	同质性检验			未达标指标个数	备注
				题项删除后的α值	共同性	因素负载量		
职业激励题项	DR-1	2.841	0.349	0.726	0.287	0.434	4	删除
	DR-2	1.879	0.532	0.751	0.186	0.476	3	删除
	DZ-3	5.648	0.705	0.706	0.487	0.497	0	保留
	DZ-4	5.285	0.684	0.722	0.606	0.667	0	保留
	DZ-5	3.867	0.467	0.708	0.489	0.644	0	保留
	DZ-6	8.845	0.589	0.689	0.734	0.585	0	保留
	DZ-7	2.584	0.484	0.754	0.176	0.564	3	删除
	标准	≥3	≥0.4	≤0.711	≥0.2	≥0.45	—	—
环境激励题项	DH-1	5.764	0.584	0.684	0.758	0.658	0	保留
	DH-2	3.584	0.684	0.676	0.461	0.679	0	保留
	DH-3	8.954	0.768	0.712	0.538	0.604	0	保留
	DH-4	7.812	0.586	0.709	0.489	0.587	0	保留
	DH-5	5.837	0.644	0.685	0.455	0.579	0	保留
	标准	≥3	≥0.4	≤0.718	≥0.2	≥0.45	—	—
知识产权保护题项	DC-1	2.891	0.518	0.768	0.308	0.437	3	删除
	DC-2	4.615	0.628	0.717	0.294	0.537	0	保留
	DC-3	3.941	0.607	0.695	0.482	0.611	0	保留
	DC-4	5.627	0.537	0.688	0.551	0.738	0	保留
	标准	≥3	≥0.4	≤0.726	≥0.2	≥0.45	—	—

③企业层面问卷题项分析

表7-3为企业层面的国有企业知识员工创新激励政策量表的统计检验结果，可以看出，薪酬激励量表中QX-5、QX-6未通过检验，福利激励量表中QF-2未通过检验，荣誉激励量表中QR-5未通过检验，职业激励量表中QZ-3、QZ-4、QZ-5未通过检验，环境激励量表中QH-2未通过检验，知识产权题项中的QC-2和QC-4未通过检验。所以最终地方政府层面的国有企业知识员工创新激励政策量表剩余22个题项。

表7-3 企业层面问卷题项分析结果汇总表

激励类型	题项	极端组比较决断值	与总分相关系数	同质性检验			未达标指标个数	备注
				题项删除后的α值	共同性	因素负载量		
薪酬激励题项	QX-1	3.492	0.648	0.685	0.467	0.573	0	保留
	QX-2	6.594	0.682	0.729	0.643	0.602	0	保留
	QX-3	8.628	0.546	0.694	0.508	0.543	0	保留
	QX-4	7.943	0.582	0.685	0.684	0.528	0	保留
	QX-5	2.537	0.484	0.762	0.346	0.421	3	删除
	QX-6	2.137	0.234	0.715	0.176	0.302	4	删除
	QX-7	5.007	0.468	0.684	0.406	0.591	0	保留
	标准	≥3	≥0.4	≤0.741	≥0.2	≥0.45	—	—
福利激励题项	QF-1	3.846	0.659	0.704	0.582	0.529	0	保留
	QF-2	2.741	0.335	0.759	0.439	0.434	4	删除
	QF-3	6.739	0.629	0.718	0.276	0.482	0	保留
	QF-4	8.053	0.605	0.689	0.504	0.546	0	保留
	QF-5	5.924	0.473	0.723	0.326	0.506	0	保留
	QF-6	9.529	0.492	0.706	0.588	0.676	0	保留
	标准	≥3	≥0.4	≤0.725	≥0.2	≥0.45	—	—
荣誉激励题项	QR-1	5.274	0.619	0.674	0.516	0.639	0	保留
	QR-2	6.684	0.584	0.681	0.384	0.552	0	保留
	QR-3	6.849	0.506	0.710	0.584	0.479	0	保留
	QR-4	8.351	0.674	0.695	0.504	0.525	0	保留
	QR-5	2.852	0.315	0.685	0.159	0.395	4	删除
	标准	≥3	≥0.4	≤0.714	≥0.2	≥0.45	—	—
职业激励题项	QZ-1	8.241	0.648	0.714	0.451	0.516	0	保留
	QZ-2	6.113	0.584	0.701	0.604	0.646	0	保留
	QZ-3	2.526	0.628	0.679	0.183	0.276	3	删除
	QZ-4	2.529	0.379	0.741	0.441	0.389	4	删除
	QZ-5	2.134	0.316	0.755	0.351	0.291	4	删除
	QZ-6	7.851	0.675	0.689	0.349	0.585	0	保留
	QZ-7	6.467	0.608	0.690	0.352	0.611	0	保留
	标准	≥3	≥0.4	≤0.733	≥0.2	≥0.45	—	—

续表

激励类型	题项	极端组比较决断值	与总分相关系数	同质性检验			未达标指标个数	备注
				题项删除后的α值	共同性	因素负载量		
环境激励题项	QH-1	7.041	0.494	0.693	0.437	0.667	0	保留
	QH-2	2.154	0.283	0.727	0.381	0.394	4	删除
	QH-3	4.514	0.518	0.686	0.619	0.591	0	保留
	QH-4	3.257	0.684	0.693	0.711	0.493	0	保留
	QH-5	7.519	0.704	0.701	0.501	0.604	0	保留
	标准	≥3	≥0.4	≤0.709	≥0.2	≥0.45	—	—
知识产权题项	QC-1	2.627	0.538	0.712	0.362	0.638	1	保留
	QC-2	2.315	0.391	0.729	0.281	0.527	3	删除
	QC-3	5.002	0.608	0.695	0.468	0.491	0	保留
	QC-4	3.904	0.352	0.743	0.183	0.429	4	删除
	标准	≥3	≥0.4	≤0.723	≥0.2	≥0.45	—	—

④知识员工工作态度问卷题项分析

表7-4为国有企业知识员工工作态度量表统计检验结果，从表中可以看出，在初始量表基础上，题项CN-3、TR-1、TR-5未通过多项检验，从初始量表中给予删除，工作态度量表剩余10个题项。

⑤知识员工创新绩效问卷题项分析

表7-5为国有企业知识员工创新绩效量表统计检验结果，从表中可以看出，在初始量表基础上，题项ZW-3、ZX-3、ZJ-5未通过多项检验，从初始量表中给予删除，创新绩效量表剩余27个题项。

表7-4　知识员工工作态度问卷题项分析结果汇总表

激励类型	题项	极端组比较决断值	与总分相关系数	同质性检验			未达标指标个数	备注
				题项删除后的α值	共同性	因素负载量		
工作满意度	MY-1	4.614	0.428	0.691	0.346	0.482	0	保留
	MY-2	5.542	0.461	0.669	0.411	0.533	0	保留
	MY-3	5.008	0.539	0.717	0.382	0.577	0	保留
	标准	≥3	≥0.4	≤0.727	≥0.2	≥0.45	—	—

续表

激励类型	题项	极端组比较决断值	与总分相关系数	同质性检验 题项删除后的α值	共同性	因素负载量	未达标指标个数	备注
组织承诺	CN-1	5.614	0.518	0.672	0.307	0.505	0	保留
	CN-2	5.041	0.509	0.711	0.455	0.511	0	保留
	CN-3	4.618	0.387	0.744	0.512	0.424	3	删除
	CN-4	3.915	0.474	0.710	0.381	0.462	0	保留
	CN-5	4.164	0.500	0.730	0.433	0.493	0	保留
	标准	≥3	≥0.4	≤0.732	≥0.2	≥0.45	—	—
工作投入	TR-1	3.418	0.388	0.769	0.307	0.427	3	删除
	TR-2	4.619	0.442	0.705	0.279	0.555	0	保留
	TR-3	4.813	0.409	0.697	0.361	0.490	0	保留
	TR-4	3.915	0.523	0.673	0.452	0.525	0	保留
	TR-5	4.394	0.516	0.728	0.173	0.417	3	删除
	标准	≥3	≥0.4	≤0.713	≥0.2	≥0.45	—	—

表7-5　　知识员工创新绩效问卷题项分析结果汇总表

激励类型	题项	极端组比较决断值	与总分相关系数	同质性检验 题项删除后的α值	共同性	因素负载量	未达标指标个数	备注
创造技能	ZC-1	6.915	0.494	0.658	0.526	0.676	0	保留
	ZC-2	8.351	0.664	0.694	0.594	0.559	0	保留
	ZC-3	4.691	0.539	0.731	0.439	0.506	0	保留
	标准	≥3	≥0.4	≤0.738	≥0.2	≥0.45	—	—
领域技能	ZL-1	7.062	0.473	0.694	0.381	0.611	0	保留
	ZL-2	4.764	0.552	0.746	0.601	0.529	1	保留
	ZL-3	7.529	0.649	0.701	0.355	0.504	0	保留
	标准	≥3	≥0.4	≤0.725	≥0.2	≥0.45	—	—
任务动机	ZW-1	4.521	0.477	0.713	0.334	0.467	0	保留
	ZW-2	8.001	0.552	0.725	0.591	0.519	0	保留
	ZW-3	5.351	0.319	0.761	0.431	0.391	3	删除
	标准	≥3	≥0.4	≤0.741	≥0.2	≥0.45	—	—

续表

激励类型	题项	极端组比较决断值	与总分相关系数	同质性检验			未达标指标个数	备注
				题项删除后的α值	共同性	因素负载量		
创新构想产生	ZG-1	5.527	0.538	0.713	0.466	0.677	0	保留
	ZG-2	4.613	0.611	0.688	0.534	0.534	0	保留
	ZG-3	8.661	0.592	0.701	0.588	0.511	0	保留
	标准	≥3	≥0.4	≤0.722	≥0.2	≥0.45	—	—
创意构想实施	ZY-1	4.539	0.615	0.698	0.373	0.611	0	保留
	ZY-2	7.604	0.584	0.701	0.594	0.484	0	保留
	ZY-3	5.661	0.534	0.691	0.604	0.506	0	保留
	标准	≥3	≥0.4	≤0.710	≥0.2	≥0.45	—	—
行为绩效	ZX-1	6.544	0.438	0.695	0.517	0.537	0	保留
	ZX-2	4.375	0.655	0.684	0.400	0.524	0	保留
	ZX-3	2.184	0.504	0.725	0.162	0.340	4	删除
	ZX-4	5.619	0.655	0.713	0.402	0.604	0	保留
	ZX-5	3.515	0.537	0.695	0.534	0.588	0	保留
	ZX-6	5.134	0.489	0.688	0.388	0.497	0	保留
	标准	≥3	≥0.4	≤0.718	≥0.2	≥0.45	—	—
结果绩效	ZJ-1	6.526	0.617	0.714	0.461	0.611	0	保留
	ZJ-2	5.154	0.557	0.726	0.528	0.537	1	保留
	ZJ-3	6.134	0.462	0.694	0.552	0.484	0	保留
	ZJ-4	3.761	0.618	0.676	0.315	0.572	0	保留
	ZJ-5	5.731	0.376	0.742	0.184	0.402	4	删除
	ZJ-6	4.134	0.537	0.711	0.457	0.522	0	保留
	ZJ-7	5.497	0.555	0.683	0.581	0.586	0	保留
	ZJ-8	7.041	0.643	0.664	0.482	0.467	0	保留
	ZJ-9	6.176	0.621	0.708	0.394	0.584	0	保留
	标准	≥3	≥0.4	≤0.722	≥0.2	≥0.45	—	—

通过对中央政府、地方政府和企业层面的国有企业知识员工创新激励政策量表进行检验，对初始测量题项进行调整，最终地方政府层面正式问卷包含25个测量题项，中央政府和企业层面正式问卷各包含24个测量题项，知识员工工作态度和创新绩效正式量表最终分别包含10个和27个题

项。具体如表7-6所示。

表7-6 正式问卷量表包含的测量题项数量　　　　单位：个

激励类型	中央政府	地方政府	企业层面	工作态度	创新绩效
薪酬激励	4	4	5	—	—
福利激励	4	5	5	—	—
职业激励	4	4	4	—	—
荣誉激励	4	4	4	—	—
环境激励	4	5	4	—	—
知识产权保护	4	3	2	—	—
工作满意度	—	—	—	3	—
组织承诺	—	—	—	4	—
工作投入	—	—	—	3	—
创造技能	—	—	—	—	3
领域技能	—	—	—	—	3
任务动机	—	—	—	—	2
创新构想产生	—	—	—	—	3
创意构想实施	—	—	—	—	3
行为绩效	—	—	—	—	5
结果绩效	—	—	—	—	8
合计	24	25	24	10	27

7.3 正式问卷调研与数据采集

7.3.1 调研样本选择

正式问卷调查对象的选择主要遵循下原则：首先，调查对象所在的企业必须是国有性质企业；其次，问卷填写对象必须为国有企业内部知识员工，无论是否"在编"，与国有企业之间有雇佣关系的知识员工均在内，包括国有企业内部各部门的业务骨干、研发人员、技术人员、中高层管理人员等。再次,若国有企业与相关单位存在产学研合作项目,下设有相关科研合作平台,如技术研究院、院士工作站、博士后工作站、高级技师工作室等,则这些合作平台中的技术人员均在调查范围内。

对于国有企业的选择,本书尽可能地包含多种规模、多种业务类型、多个地域,以提升国有企业知识员工的多样性。在同学、同事、工作合作伙伴等的帮助下,向上海各区县、南京、苏州、无锡、常州、徐州、杭州、宁波、温州、舟山、绍兴等十几个地区和城市的 46 家国有企业的知识员工发放问卷,这些国有企业中,员工总数在 5000 人以上的有 11 家,占比为 23.9%,员工总数为 3001—5000 人的有 14 家,占比为 30.4%,员工总数为 1001—3000 人的有 12 家,占比为 26.1%,员工总数为 1000 人及以下的有 9 家,占比为 19.6%。业务种类涉及油电、有色金属、电信、精密仪器制造等多个行业。

对知识员工的选择,根据前文对知识员工的定义,选择那些具备较高知识与技能,处于企业各部门、研发机构、创新的关键岗位并能为所在企业组织带来较高经济社会效益的员工,主要包括技术研发人员、各部门的主要管理人员和骨干业务人员、技术支撑人员、专业研发部门工作人员等。问卷发放是通过微信识别二维码的形式,于 2020 年 4 月中旬开始,5 月上旬完成,历时 3 周。共发放调研问卷 2800 份,剔除信息填写不完整、重要信息缺失、填写不符合知识员工要求的问卷,最终收回有效问卷 2487 份,问卷有效回收率达 88.8%。具体调研对象基本情况如表 7-7 所示。

表 7-7　　　　　　　　　调研对象基本情况

基本信息		人数(个)	占比
性别	男	1394	56.05%
	女	1093	43.95%
年龄	30 岁及以下	623	25.05%
	31—40 岁	852	34.26%
	41—50 岁	483	19.42%
	51 岁及以上	529	21.27%

续表

基本信息		人数（个）	占比
学历	专科及以下	207	8.32%
	本科	1007	40.49%
	研究生及以上	1273	51.19%
岗位	高层管理人员	73	2.94%
	中层管理人员	335	13.47%
	基层管理人员	551	22.16%
	科研人员	1186	47.69%
	部门技术骨干	235	9.45%
	其他	107	4.30%

7.3.2 问卷信度与效度检验

信度表示量表工具所测得结果的稳定性与一致性，信度越高则量表对创新绩效的测量的误差越小。本书以克朗巴哈提出的 α 系数作为信度评价指标，α 系数值大于0、小于1，国内外学者对 α 系数的值与信度高低的标准仍持有不同的观点，其中，信度系数大于0.7是学术界大部分学者认可和赞同的，所以本书将克朗巴哈系数的评价临界标准定为0.7。同时，本书采用因子分析法对问卷中量表题项的效度进行检验，先根据KMO值和Bartlett球形值判断问卷数据是否适合进行因子分析，而后再进行探索性分析。当KMO值高于0.6，且Bartlett球形检验达到一定显著性临界值时，则认为问卷数据适用于因子分析。表7-8中的检验指标可以看出，国有企业创新激励政策纵向维度下的各横向量表的克朗巴哈系数值均在0.7以上，均通过检验标准，说明本书的各问卷量表的整体信度较高。各量表的KMO值均在0.6以上，Bartlett球形值在10%显著性临界值下均显著，而从累积解释变异量来看，提取各因子均能够很好地解释原有变量总方差，累计解释变量最低值也达到了67.1%，说明问卷量表的整体效度较高，可用于实际问题分析。

表 7-8　　　　　　　　问卷调查表信度与效度检验结果汇总表

激励类型		克朗巴哈系数	KMO 值	Bartlett 球形值	累计解释变量
中央政府层面	薪酬激励	0.824	0.758	205.414**	84.1%
	福利激励	0.731	0.894	582.167*	75.2%
	职业激励	0.861	0.761	648.619**	69.5%
	荣誉激励	0.735	0.891	331.925**	80.4%
	环境激励	0.787	0.824	137.625***	87.1%
地方政府层面	薪酬激励	0.750	0.712	518.921***	70.1%
	福利激励	0.849	0.687	405.845**	74.2%
	职业激励	0.781	0.856	253.215**	85.3%
	荣誉激励	0.723	0.704	155.258***	76.4%
	环境激励	0.766	0.738	446.957*	77.5%
企业层面	薪酬激励	0.888	0.756	438.051***	79.5%
	福利激励	0.739	0.676	184.916*	72.2%
	职业激励	0.718	0.736	246.864**	70.2%
	荣誉激励	0.776	0.873	255.834**	78.6%
	环境激励	0.894	0.752	484.475*	67.1%
工作态度	工作满意度	0.728	0.741	271.518**	70.5%
	组织承诺	0.804	0.784	305.617**	67.9%
	工作投入	0.766	0.772	337.044*	73.5%
创新绩效	创造技能	0.924	0.911	285.512**	75.3%
	领域技能	0.892	0.891	445.834**	68.5%
	任务动机	0.844	0.681	176.853*	72.2%
	创新构想产生	0.822	0.782	285.964**	84.5%
	创意构想实施	0.851	0.822	471.508***	70.1%
	行为绩效	0.955	0.866	305.815**	67.6%
	结果绩效	0.767	0.725	351.008*	75.2%

注：*、**、***分别表示在10%、5%、1%水平下显著。

拓展阅读

抽样调查也被称为随机抽样调查，它是理论研究中最常用的一种非全面调查方法，它是在随机原则下从研究总体中随机抽取部分样本并进行调查，基于概率论方法利用样本数据推断总体相关统计指标的一种分析方法。抽样调查虽然没有对研究总体进行全面调查，但它可以在更便捷的情况下获得反映总体数量特征的信息，在很大程度上起到了全面调查的作用，因而备受理论界的关注。但抽样调查毕竟没有对总体进行全面调查，出现调查误差是在所难免的。抽样调查的误差主要有登记性误差和代表性误差两种。其中，登记性误差可以通过科学设计抽样工作加以控制。此外，抽样调查由于选取的样本代表性强、工作人员较少、工作量较少等原因，其登记性误差往往比全面调查要小。尤其是在研究总体单位庞大的情况下，抽样调查在登记性误差上的优势比全面调查更明显。而代表性误差则因为用样本推断总体的固有本质往往难以控制。

抽样调查所获取的数据之所以可以用来推断总体，主要因为相比于全面调查及其他非全面调查有以下各方面特点：

①抽样调查按照随机原则抽取样本，研究总体中每一个单位均有同等概率被选中，可以保证所选取的样本在总体中处于均匀分布状态，保证了样本对总体的代表性。

②抽样调查所选取的样本是以"团体"形态代表总体的，在均匀分布的基础上该"团体"是总体的一个"缩影"，能够很好地表现出总体的统计规律。

③可以根据对误差的要求自由地确定选取的样本数量，经过对误差的科学推算确定对应数量的样本，既达到了对样本数量的要求，又可以在统计分析工作开展之前就很好地把握统计推断的精确度。

正是由于以上多方面的特点和优越性，抽样调查被公认为是最完善、最科学的非全面调查方法，在数据分析数据获取中被使用得最为频繁。

附件
正式问卷调查表

您好，请您在认为合适的选项上画"√"，答案无对错之分，请您选择最合适的答案。

一、基本信息

1. 您的性别：□男 □女
2. 您的年龄：□30 岁及以下 □31—40 岁 □41—50 岁 □51 岁及以上
3. 您的学历：□专科及以下 □本科 □研究生及以上
4. 您的政治面貌：□共青团员 □中共党员 □民主党派 □无党派人士
5. 您所在企业的主营业务类型：
6. 您所在企业的成立年限
   □5 年及以下 □6—10 年 □11—15 年 □16—20 年 □21—25 年 □26—30 年 □31—35 年 □36 年及以上
7. 您所在企业现有员工人数：
   □500 人以下 □500—1000 人 □1001—3000 人 □3001—5000 人 □5000 人以上
8. 您的岗位：
   □高层管理人员 □中层管理人员 □基层管理人员 □科研人员 □部门技术骨干 □其他

二、企业层面政策对知识员工创新激励情况

类别	序号	量表题项	低→高				
薪酬奖励	QX-1	基本工资上涨幅度	1	2	3	4	5
	QX-2	基本工资随个人技能提升幅度	1	2	3	4	5
	QX-3	企业会根据个人业绩给予的现金奖励	1	2	3	4	5
	QX-4	企业会根据个人业绩给予的非现金物质奖励（如五险、费用报销权限等）	1	2	3	4	5
	QX-7	企业会根据个人业绩给予其他物质奖励（如购物券、节假日礼物等）	1	2	3	4	5

续表

类别	序号	量表题项	低→高				
福利激励	QF-1	企业提供的"五险一金"水平	1	2	3	4	5
	QF-3	企业提供的家庭事务（如嫁娶生子等）支持	1	2	3	4	5
	QF-4	企业提供的身心健康支持（如体检服务等）	1	2	3	4	5
	QF-5	企业提供的在职教育、培训数量和质量	1	2	3	4	5
	QF-6	企业允许的休假制度合理度	1	2	3	4	5
荣誉激励	QR-1	企业员工荣誉体系完善性	1	2	3	4	5
	QR-2	企业知识员工荣誉体系的针对性	1	2	3	4	5
	QR-3	荣誉员工评选指标体系的科学性	1	2	3	4	5
	QR-4	企业层次荣誉的吸引力	1	2	3	4	5
职业激励	QZ-1	企业为您提供的学习、培训支持	1	2	3	4	5
	QZ-2	在企业内晋升渠道和空间	1	2	3	4	5
	QZ-6	企业员工晋升评比的科学性	1	2	3	4	5
	QZ-7	承担工作的挑战性	1	2	3	4	5
环境激励	QH-1	企业内部的创新氛围融洽度	1	2	3	4	5
	QH-3	同事、部门之间的合作程度	1	2	3	4	5
	QH-4	您与领导针对工作问题进行沟通	1	2	3	4	5
	QH-5	工作时间安排灵活性	1	2	3	4	5
知识产权保护	QC-1	企业层面的知识产权管理部门服务质量	1	2	3	4	5
	QC-3	给予员工获取发明专利奖励的奖励幅度	1	2	3	4	5

三、地方政府层面政策对知识员工创新激励情况

类别	序号	量表题项	低→高				
薪酬奖励	DX-1	地方政府企业员工薪资待遇政策	1	2	3	4	5
	DX-3	地方政府人才奖惩政策	1	2	3	4	5
	DX-5	地方政府国有企业员工薪资基准水平	1	2	3	4	5
	DX-6	地方政府国有企业技术性员工薪资基准水平	1	2	3	4	5

续表

类别	序号	量表题项	低→高				
福利激励	DF-1	地方政府规定的"五险一金"水平	1	2	3	4	5
	DF-2	地方政府给予的知识员工休假政策	1	2	3	4	5
	DF-3	地方政府提供的在职教育、培训数量和质量	1	2	3	4	5
	DF-4	地方政府对知识员工家庭事务（如子女教育等）的支持	1	2	3	4	5
	DF-6	地方政府财政、金融支持政策	1	2	3	4	5
荣誉激励	DR-1	地方政府荣誉管理制度	1	2	3	4	5
	DR-2	地方政府荣誉体系的科学性	1	2	3	4	5
	DR-3	地方政府层次荣誉获得的难度	1	2	3	4	5
	DR-4	地方政府荣誉政策的吸引力	1	2	3	4	5
职业激励	DZ-3	地方政府人事管理政策	1	2	3	4	5
	DZ-4	地方政府人才引进政策	1	2	3	4	5
	DZ-5	地方政府教育培训政策	1	2	3	4	5
	DZ-6	地方政府创新团队建设政策	1	2	3	4	5
环境激励	DH-1	地方政府对企业政策支持	1	2	3	4	5
	DH-2	地方政府整体创新制度安排灵活度	1	2	3	4	5
	DH-3	地方政府的民主政治	1	2	3	4	5
	DH-4	地方政府针对相关问题的信息沟通渠道	1	2	3	4	5
	DH-5	地方政府的人际资源支持政策	1	2	3	4	5
知识产权保护	DC-2	地方对侵犯知识产权行为的打击力度	1	2	3	4	5
	DC-3	创造、发明专利申请、注册的便利性	1	2	3	4	5
	DC-4	专利所有权、使用权流转市场的完善程度	1	2	3	4	5

四、中央政府层面对知识员工创新激励情况

类别	序号	量表题项	低→高				
薪酬奖励	ZX-1	中央政府部门的国企员工薪资待遇政策	1	2	3	4	5
	ZX-2	中央政府部门的人才奖惩政策	1	2	3	4	5
	ZX-5	中央政府部门对国企员工福利政策	1	2	3	4	5
	ZX-6	中央政府部门的财政、金融支持政策	1	2	3	4	5

续表

类别	序号	量表题项	低→高				
福利激励	ZF-1	中央政府部门给予的知识员工休假政策	1	2	3	4	5
	ZF-3	中央政府部门的社会资源支持政策	1	2	3	4	5
	ZF-5	中央政府部门的技术资源支持政策	1	2	3	4	5
	ZF-6	中央政府部门对国有企业员工"五险一金"水平的规定	1	2	3	4	5
荣誉激励	ZR-1	中央政府部门的荣誉管理制度	1	2	3	4	5
	ZR-2	中央政府部门的荣誉体系的科学性	1	2	3	4	5
	ZR-4	中央政府部门的荣誉获得的难度	1	2	3	4	5
	ZR-5	中央政府部门的荣誉政策的吸引力	1	2	3	4	5
职业激励	ZZ-1	中央政府部门的人事管理政策	1	2	3	4	5
	ZZ-2	中央政府部门的人才引进政策	1	2	3	4	5
	ZZ-3	中央政府部门的教育培训政策	1	2	3	4	5
	ZZ-5	中央政府部门的创新团队建设政策	1	2	3	4	5
环境激励	ZH-1	中央政府部门关于企业员工的休假政策	1	2	3	4	5
	ZH-2	中央政府部门整体创新制度安排	1	2	3	4	5
	ZH-3	中央政府部门对国企政策支持	1	2	3	4	5
	ZH-5	中央政府部门的民主政治	1	2	3	4	5
知识产权保护	ZC-1	知识产权保护法规体系的完善性	1	2	3	4	5
	ZC-2	对侵犯知识产权行为的打击力度	1	2	3	4	5
	ZC-3	创造、发明专利申请、注册的便利性	1	2	3	4	5
	ZC-4	专利所有权、使用权流转市场的完善程度	1	2	3	4	5

五、知识员工工作态度情况

类别	序号	量表题项	低→高				
工作满意度	MY-1	您对所从事的工作性质的满意程度有多大？	1	2	3	4	5
	MY-2	您对上司的满意程度有多大？	1	2	3	4	5
	MY-3	您对单位同事之间的关系的满意程度有多大？	1	2	3	4	5

续表

类别	序号	量表题项	低→高				
组织承诺	CN-1	您对目前所在单位的感情有多深？	1	2	3	4	5
	CN-2	您对自己的单位尽责程度有多大？	1	2	3	4	5
	CN-4	如果能找到好点的工作，您离开本单位的可能性有多大？	1	2	3	4	5
	CN-5	您认为所在单位提供的条件如何？	1	2	3	4	5
工作投入	TR-2	您在工作困难面前坚持不懈的程度如何？	1	2	3	4	5
	TR-3	您对工作的投入如何？	1	2	3	4	5
	TR-4	您对工作中的挑战的接受程度如何？	1	2	3	4	5

六、知识员工创新绩效情况

类别	序号	量表题项	低→高				
创造技能	ZC-1	您的日常习惯是否有助于发现创新机会？	1	2	3	4	5
	ZC-2	您所具有的常识是否能促进发现创新机会？	1	2	3	4	5
	ZC-3	您的工作方式是否有助于发现创新机会？	1	2	3	4	5
领域技能	ZL-1	您掌握的知识体系是否有助于创新活动开展？	1	2	3	4	5
	ZL-2	您掌握的技术是否有助于创新活动开展？	1	2	3	4	5
	ZL-3	您的工作能力是否有助于创新活动开展？	1	2	3	4	5
任务动机	ZW-1	您的工作态度是否有助于创新活动开展？	1	2	3	4	5
	ZW-2	您对工作的理解是否有助于创新活动开展？	1	2	3	4	5
创新构想产生	ZG-1	您是否会去关注工作中不常见的问题？	1	2	3	4	5
	ZG-2	您是否会寻找可以改善工作效率的机会？	1	2	3	4	5
	ZG-3	您是否会对工作中出现的问题提出自己的想法？	1	2	3	4	5
创意构想实施	ZY-1	您是否会冒风险尝试新想法或新方法？	1	2	3	4	5
	ZY-2	您是否会从事可能对企业有益的改变？	1	2	3	4	5
	ZY-3	您的创新构想是否得到企业、政府等组织部门的支持？	1	2	3	4	5
行为绩效	ZX-1	您认为自己把创新性想法转化为实际应用的能力如何？	1	2	3	4	5
	ZX-2	与他人相比，您认为自己推出新产品的独创性如何？	1	2	3	4	5
	ZX-4	与他人相比，您认为自己推出新产品的速度如何？	1	2	3	4	5
	ZX-5	与他人相比，您认为自己新产品开发的成功率如何？	1	2	3	4	5
	ZX-6	您认为自己的专业技能水平怎样？	1	2	3	4	5

续表

类别	序号	量表题项	低→高				
结果绩效	ZJ-1	您认为自己对企业推出全新产品的贡献有多大？	1	2	3	4	5
	ZJ-2	您认为自己对企业开拓全新市场的贡献有多大？	1	2	3	4	5
	ZJ-3	您认为自己对企业开发新项目的贡献有多大？	1	2	3	4	5
	ZJ-4	您认为自己对企业技术突破的贡献有多大？	1	2	3	4	5
	ZJ-6	您认为自己对企业产品质量的改善贡献有多大？	1	2	3	4	5
	ZJ-7	您认为自己对企业降低产品成本的贡献有多大？	1	2	3	4	5
	ZJ-8	您认为自己对企业巩固现有市场的贡献有多大？	1	2	3	4	5
	ZJ-9	您认为自己对企业丰富产品种类的贡献有多大？	1	2	3	4	5

参考文献

[1] Allen N. J, Meyer J. P. The measurement and antecedents of affective, continuance and normative commitment to the organization [J]. Journal of Occupational Psychology, 1990, 63 (1): 1 – 18.

[2] Amar A. D. Motivating knowledge workers to innovate: a model integrating motivation dynamicond accidents [J]. European Journal of Innovation Management, 2004 (2): 89 – 101.

[3] Amabile T. M. How to kill creativity [J]. Harvard Business Review, 1998 (5): 76 – 87.

[4] Andrew A., Luchak L. R. How pension accrual affects job satisfaction [J]. Journal of Labor Research, 2002 (25): 145 – 153.

[5] Bakker A. B., Demerouti E., Schaufeli W. B. The crossover of burnout and work engagement among working couples [J]. Human Relations, 2005, 58 (5): 661 – 689.

[6] Benedetto C. A. D. Identifying the key success factors in new product launch [J]. Journal of Product Innovation Management, 2010, 16 (6): 530 – 544.

[7] Bilal A., Yuosre B., Umar S. K. Linking spiritual leadership and employee pro – environmental behavior: the influence of workplace spirituality, intrinsic motivation, and environmental passion [J]. Journal of Environmental Psychology, 2016 (3): 79 – 88.

[8] Borman W. C., Motowidlo S. J. Eapanding the criterion domain to include elements of contextual performance [M]. San Francisco: Jossey – Bass Publishers, 1993.

[9] Brayfield A. H., Crockett W. H. Employee attitudes and employee

performance [J]. Psychological Bulletin, 1955 (9): 189-223.

[10] Britt T. W. Aspects of identity predict engagement in work under adverse conditions [J]. Self and Identity, 2003, 2 (1): 31-45.

[11] Chen C. C., Ford C. M., Farris G. F. Do reward benefit the organization? The effects of reward types and the perceptions of diverse R&D professionals [J]. Engineering Management, 1999, 46 (1): 47-55.

[12] Chen C. J., Huang J. W. Stratagem human resource practices and innovation performance: the mediating role of knowledge management capacity [J]. Journal of Business Rescarch, 2009 (1): 104-111.

[13] Christian J. E. Knowledge workers in demand through year 2000 [J]. Managing office Technology, 1997, 42 (1): 45-67.

[14] Conte J. M. A Review and critique of emotional intelligence measures [J]. Journal of Organizational Behavior, 2005, 26 (4): 433-440.

[15] Davenport T. H. Thinks for a living: how to get better performances and results from knowledge workers [M]. Brighton: Harvard Business Press, 2013.

[16] Damanpour F. Organizational innovaion: a mela-analysis of effects of deteminants and modcraors [J]. Academy of Management Journal, 1991 (3): 555-590.

[17] Myers D. G. 社会心理学 [M]. 侯玉波, 译. 北京: 人民邮电出版社, 2014.

[18] Devloo T., Anseel F., De Beuckelaer A., et al. Keep the fire bumine: reciprocal gains of basic need satisfaction, intrinsic motivation and innovative work behavior [J]. European Journal of Work and Organizational Psychology, 2015 (4): 491-504.

[19] Dosi G., Nelson R. R. Technological paradigms and technological trajectories [J]. Research Policy, 1982, 11 (3): 147-162.

[20] Dubin R., Champoux J. E., Porter L. W. Central life interests and organizational commitment of blue-collar and clerical workers [J]. Administrative Science Quarterly, 1975, 20 (3): 411-421.

[21] Fishebin M., Ajzen L. Attitudes and opinions [J]. Annual Review of psychology, 1975 (23): 487-544.

[22] Gong Y., Zhou J., Chang S. Core knowledge employee creativity and firm performance: the moderating role of riskiness orientation, firm size, and realized absorptive capacity [J]. Personnel Psychology, 2013, 66 (2): 443-482.

[23] Goodman A. P., Rayman J. R., Ferrell D. The commercialization of career services: ethical considerations for practitioners [J]. Journal of Career Planning & Employment, 2001, 61 (11): 21-27.

[24] Gregory J., Laurent J. P. Basket default swaps, CDOs and factor copulas [J]. Social Science Electronic Publishing, 2005, 7 (4): 205-221.

[25] Hagedoorn J., Duysters G. The effect of mergers and acquisitions on the technological performance of companies in a high-tech environment [J]. Technology Analysis & Strategic Management, 2002, 14 (1): 67-85.

[26] Hall K., Miller R., Millar R. Public, private or neither? Analysing the publicness of health care social enterprises [J]. Public Management Review, 2017, 18 (4): 1-19.

[27] Herzberg F. The motivation to work among finnish supervisors [J]. Personnel Psychology, 2010, 18 (4): 393-402.

[28] Hopkins S. M., Weathington B. L. The relationship between justice perceptions, trust and employee attitudes in a downsized organization [J]. The Journal of Psychology, 2006, 140 (5): 477-98.

[29] Humphreys M. S., Revelle W. Personality, motivation and performance: a thory of the relationship between individual defference and information procesing [J]. Psychological review, 1984 (2): 153-184.

[30] Janssen O. Job demands, perceptions of effort-reward fairness and innovative work behavior [J]. Journal of Occupational and Organizational Psychology, 2000 (3): 287-302.

[31] Jensen M. B., Johnson B., Lorenz E. Forms of knowledge and modes of innovation [J]. Research Policy, 2007, 36 (5): 680-693.

[32] Kahn W. A. Psychologieal conditions of personal engagement and disengagement at work [J]. Academy of Management Journal, 1990, 33 (4): 692-724.

[33] Langelaan S., Bakker A. B., Doornen L. J. P. V., et al. Burnout

and work engagement: do individual differences make a difference? [J]. Personality & Individual Differences, 2006, 40 (3): 521 - 532.

[34] Lee T. W., Maurer S. D. The retention of knowledge workers with the unfolding model of voluntary turnover [J]. Human Resource Management Review, 1997, 7 (3): 247 - 275.

[35] Llorens S., Schaufeli W., Bakker A., et al. Does a positive gain spiral of resources, efficacy beliefs and engagement exist [J]. Computers In Human Behavior, 2007, 23 (1): 825 - 841.

[36] Lynn J. Fast track - case study of rapid business growth - brief article - statistical data included [J]. Entrepreneur, 2000 (12): 431 - 455.

[37] Maskus K. E., Milani S., Neumann R. The Impact of Patent Protection and Financial Development on Industrial R&D [J]. Research Policy, 2019 (1): 355 - 370.

[38] March J. G. Exploration and exploitation in organizational learning [J]. Organization Science, 1991, 2 (1): 71 - 87.

[39] Matt V. Lean production, worker empowerment and job satisfaction: a qualitative analysis and critique [J]. Critical Sociology, 2007 (12): 42 - 49.

[40] May D. R., Gilson R. L., Harter L. M. The psychological conditions of meaningfulness, safety and availability and the engagement of the human spirit at work [J]. Journal of Occupational & Organizational Psychology, 2011, 77 (1): 11 - 37.

[41] Meyer M. Are patenting scientists the better scholars? An exploratory comparison of inventor - authors with their non - Inventing peers in nano - science and technology [J]. Research Policy, 2006 (10): 1646 - 1662.

[42] Mortimer T. Reporting earnings: a new approach [J]. Financial Analysts Journal, 1979, 35 (6): 67 - 71.

[43] Mowday J. M., Beyer J. M., Trice H. M. Employee organization linkages [M]. New York: Academic Press, 1982.

[44] ONeal S. The phenomenon of total rewards [J]. ACA Jpurnal, 1998 (7): 6 - 18.

[45] Rumpel S., Meddcof J. W. Total rewards: good fit for tech workers [J].

Research - Technology Management, 2006, 49 (5): 27 - 35.

[46] Organ D. W. Inferences about trends in labor force satisfaction: a causal - correlational analysis [J]. Academy of Management Journal, 1977, 20 (4): 510 - 519.

[47] Pierce J. L., Gardner D. G., Cummings L. L., et al. Organization - based self - esteem: coustruct defmition, measurement and validation [J]. Academy of Management Journal, 1989, 32 (3): 622 - 648.

[48] Rosenberg A. J. Can physicalist antireductionism compute the embryo? [J]. Philosophy of Science, 1997, 64 (4): 359 - S371.

[49] Rothbard N. P. Enriching or depleting? The dynamics of engagement in work and family roles [J]. Administrative Science Quarterly, 2001, 46 (4): 655 - 684.

[50] Schaufeli W. B., Salanova M., González - romá V., et al. The measurement of engagement and burnout: a two sample confirmatory factor analytic approach [J]. Journal of Happiness Studies, 2002, 3 (1): 71 - 92.

[51] Schaufeli W. B. The measurement of work engagement with a short questionnaire: a cross - national study [J]. Educational and Psychological Measurement, 2006, 66 (4): 701 - 716.

[52] Steers R. M. Antecedents and outcomes of organizational commitment [J]. Administrative Science Quarterly, 1977 (8): 22 - 47.

[53] Stephen G. The tails of justice: a critical examination of the dimensionality of organizational justice constructs [J]. Human Resource Management Review, 2008 (18): 271 - 281.

[54] Srivastava A. K. Effect of perceived work environment on employees' job behavior and organizational effectiveness [J]. Journal of the Indian Academy of Applied Psychology, 2008, 34 (1): 47 - 55.

[55] Sulek J., Marucheck A. The impact of information technology on knowledge worker [J]. Work Study, 1994, 43 (3): 5 - 13.

[56] Terry T. Exploring the effects of congruence and Holland's personality codes on job satisfaction: an application of hierarchical linear modeling techniques [J]. Journal of Vocational Behavior, 2010 (76): 16 - 24.

[57] Thomas D., Sillince J. A. A. Crossing boundaries: why hierarchi-

cal social order persists over time when it is being challenged [J]. Egos Colloquium, 2009, 46 (4): 241-263.

[58] Verganti R. Design as brokering of languages: innovation strategies in Italian firms [J]. Design Management Journal, 2010, 14 (3): 34-42.

[59] Wagner S. M. Supplier traits for better customer firm innovation performance [J]. Industrial Marketing Management, 2010, 39 (7): 1139-1149.

[60] Wang C. J., Tsai C. Y. Managing innovation and creativity in organizations: an empirical study of service industries Taiwan [J]. Service Business, 2014 (2): 313-335.

[61] Woodruffe C. Winning the talent war [M]. New York: John Wiley and Sons, 1999.

[62] Zhang X. M., Kathryn M. The Influence of creative process engagement on employee creative performance and over all job performance: a curvilinear assessment [J]. Journal of Applied Psychology, 2010 (5): 862-873.

[63] Zhou J., Shin S. J., Brass D. J., et al. Social networks, personal values and creativity: evidence for curvilinear and interaction effects [J]. Journal of Applied Psychology, 2009, 94 (6): 1544-1553.

[64] Zhu D., Tann J. Argional innovation system in small sized region: a clusting model in Zhong Guan Cun Science Park [J]. Technology Analysis & Strategic Managerment, 2005 (3): 375-390.

[65] 白贵玉. 知识员工激励、创新合法性与创新绩效关系研究 [D]. 济南: 山东大学博士学位论文, 2016 (6).

[66] 陈小平. 员工参与对工作满意度和员工绩效影响实证研究 [J]. 理论导刊, 2012 (2): 129—133.

[67] 陈劲, 桂彬旺. 模块化创新: 复杂产品系统创新机理与路径研究 [M]. 北京: 知识产权出版社, 2007.

[68] 陈剑. 基于实践社群的知识员工激励 [J]. 贵州大学学报 (社会科学版), 2013 (1): 35—40.

[69] 陈爽英, 唐小我, 倪得兵, 等. 经营者组合激励中非物质激励的价值分析 [J]. 中国管理科学, 2005 (1): 13—18.

[70] 陈涛. 不同权变因素下企业科技人员薪酬满意度及激励效应差异性研究: 基于江苏省 H 城市的调查统计分析 [J]. 管理现代化,

2010（4）：15—17.

［71］寸晓刚．知识员工的工作激励框架探讨［J］．科学学与科学技术管理，2010（1）：190—194.

［72］丁煌．西方企业家政府理论评述［J］．国外社会科学，1999（6）：46—50.

［73］韩翼，廖建桥，龙立荣．雇员工作绩效结构模型构建与实证研究［J］．管理科学学报，2007（5）：62—77.

［74］高峰，郭菊娥．知识管理在工程项目管理中的应用研究［J］．情报杂志，2008，27（5）：127—129.

［75］高子平．科技人才声誉激励机制研究［J］．科学管理研究，2011（5）：89—93.

［76］管宝云，赵全超．高新技术企业知识型员工成长需求与激励机制设计研究［J］．科学学与科学技术管理，2006（4）：122—126.

［77］郝冬梅，李仲英．基于心理契约的虚拟人力资源管理员工激励研究：以知识员工为例［J］．科技管理研究，2013（21）：95—99.

［78］侯成义，王周卫．企业知识员工激励因素的因子分析［J］．西北工业大学学报（社会科学版），2011（1）：32—36.

［79］黄维德．上海知识员工自主创新研究［J］．上海经济研究，2006（8）：45—52.

［80］黄志坚．全面报酬、敬业度和绩效的作用关系研究［D］．武汉：武汉大学博士学位论文，2010（6）．

［81］韩翼，廖建桥，龙立荣．雇员工作绩效结构模型构建与实证研究［J］．管理科学学报，2007（5）：62—77.

［82］洪岑．工作满意度的研究现状述评［J］．社科纵横，2009，24（10）：86—88.

［83］胡朝阳，任俪文．传统手工艺品的知识产权保护困境与出路：以手工绣制品为例［J］．重庆大学学报（社会科学版），2020（11）：10—18.

［84］荆炜，韩冬日．激励偏好、组织认同与员工创新行为［J］．西北民族大学学报（哲学社会科学版），2016（5）：126—132.

［85］金盛华．社会心理学（第2版）［M］．北京：高等教育出版社，2005.

[86] 金辉. 基于匹配视角的内外生激励、知识属性与知识共享意愿的关系研究 [J]. 研究与发展管理, 2014 (3): 74—85.

[87] 赖长林. 关于知识员工有效激励模式的思考 [J]. 求实, 2005 (2): 230—231.

[88] 李发勇, 李光金, 张茂勤. DEA方法在员工绩效评价中的应用 [J]. 商业研究, 2005 (1): 1—4.

[89] 李爱民. 业务流程再造理论研究综述与展望 [J]. 现代管理科学, 2006 (8): 29—32.

[90] 李柏洲. 论企业中的精神激励 [J]. 学术交流, 2002 (1): 120—123.

[91] 李志, 胡静. 企业员工的非物质激励研究 [J]. 重庆大学学报 (社会科学版), 2007 (1): 45—49.

[92] 李志, 朱欣灵. 公共部门员工荣誉激励困境及效果提升研究 [J]. 重庆大学学报 (社会科学版), 2017 (1): 115—123.

[93] 李彦娅. 论新公共服务理论对新公共管理理论的传承与超越 [J]. 四川行政学院学报, 2006 (4): 5—8.

[94] 李明智, 韩娜, 吕荣杰. 从心理契约角度研究知识员工的激励模型 [J]. 经济师, 2005 (5): 53—55.

[95] 李君安. 晋升与企业员工幸福感关系研究: 基于中国全国综合调查数据的实证分析 [J]. 企业经济, 2014 (10): 85—89.

[96] 李超平, 李晓轩, 时勘. 授权的测量及其与员工工作态度的关系 [J]. 心理学报, 2006 (1): 99—106.

[97] 吕明洁, 陈松. 我国高技术产业政策绩效及其收敛分析 [J]. 科学学与科学技术管理, 2011, 32 (2): 43—47.

[98] 吕萍. 非物质激励与员工敬业度的关系研巧: 以工作情感为中介变量 [D]. 厦门: 厦门大学博士学位论文, 2014 (12).

[99] 刘琴, 徐拥军, 陈幸华. 论知识型员工的激励 [J]. 求索, 2005 (5): 55—56.

[100] 龙小兵. 知识型企业员工非物质激励机制与创新绩效研究 [D]. 武汉: 中南大学博士学位论文, 2012 (4).

[101] 栗晓云. 影响我国企业创新能力的若干创新政策的研究 [D]. 北京: 对外经济贸易大学博士学位论文, 2020 (5).

[102] 马庆仁,曾德明,甘露.国有控股集团企业知识员工激励组合实证研究[J].财经理论与实践,2012(2):94—98.

[103] 聂鹏,王向.协同创新视角下环渤海区域科技政策绩效优化研究[J].经济问题探索,2013(3):69—72.

[104] 罗宾斯.组织行为学[M].孙健敏,李原,译.北京:中国人民大学出版社,2002.

[105] 孙善,林彭灿.产学研协同创新项目绩效评价指标体系研究[J].科技管理研究,2017(4):89—95.

[106] 孙继伟.论知识工作者和知识工作的改进[J].复旦大学学报:社会科学版,1998(3):24—28.

[107] 苏敬勤,李晓昂,许昕傲.基于内容分析的国家和地方科技创新政策构成对比分析[J].科学学与科学技术管理,2012(6):15—21.

[108] 宋东风.技术能力对企业创新绩效的影响:基于创新战略中介作用的分析[J].科技进步与对策,2012,29(15):85—91.

[109] 史志明.提高知识型员工工作满意度:基于人力资源开发的视角[J].现代企业教育,2010(12):79—80.

[110] 王建华,王方华.企业竞争力评价系统及应用研究[J].管理科学学报,2003(2):47—53.

[111] 王宝荣,郑聪.小型团队领导者工作态度量表研究[J].广西大学商学院学报,2012(9):61—67.

[112] 王敏,伊藤亚圣,李卓然.科技创新政策层次、类型与企业创新:基于调查数据的实证分析[J].科学学与科学技术管理,2017(11):20—30.

[113] 王苗苗,李华,王方.大众创新创业政策发展评估:基于政策工具、创新创业周期、政策层级[J].中国科技论坛,2018(8):25—33.

[114] 吴际,矫贺明,石春生.基于模糊理论的R&D员工创新绩效评价模型[J].管理学报,2011(5):734—738.

[115] 韦博成.漫画信息时代的统计学[M].北京:中国统计出版社,2011.

[116] 翁润.知识产权保护对中国企业创新的影响研究[D].南京:

南京大学博士学位论文,2019 (5).

[117] 解学梅. 中小企业协同创新网络与创新绩效的实证研究 [J]. 管理科学学报,2010 (8):51—64.

[118] 徐鹏,徐向艺,白费玉. 母公司持股子公司管理层权力与创新行为关系研究:来自我因高科技上市公司的经验数据 [J]. 经济管理,2014 (4):41—50.

[119] 许钟元. 知识密集型企业技术创新知识产权管理研究 [D]. 哈尔滨:哈尔滨工程大学博士学位论文,2018 (6).

[120] 姚艳虹,衡元元. 知识员工创新绩效的结构及测量研究 [J]. 管理学报,2013 (1):97—102.

[121] 杨从杰,杨廷钫,易贵明. 知识员工非经济性激励因素和激励效果研究 [J]. 科技管理研究,2008 (9):191—193.

[122] 杨杰,凌文辁,方俐洛. 关于知识工作者与知识性工作的实证解析 [J]. 科学学研究,2004,22 (2):190—196.

[123] 杨丽. 科技人员技术创新激励因素特征的实证分析:以山东省工业企业为例 [J]. 山东大学学报:哲学社会科学版,2009 (5):111—117.

[124] 张兰霞,刘杰,赵海丹. 知识型员工工作态度与工作绩效关系的实证研究 [J]. 管理学报,2008,5 (1):138.

[125] 张海涛,龙立荣. 领导风格与企业战略协同对创新气氛影响的内在机理研究 [J]. 科学学与科学技术管理,2015 (6):114—125.

[126] 张慧,彭璧玉. 创新行为与企业生存:创新环境、员工教育重要吗 [J]. 产业经济研究,2017 (4):30—40.

[127] 张学和. 科技组织情境下知识员工创新绩效实证研究 [D]. 合肥:中国科学技术大学博士学位论文,2012 (5).

[128] 张士菊,廖建桥. 员工工作满意度各维度对整体满意度的影响研究 [J]. 科学学与科学技术管理,2007,28 (8):184—188.

[129] 张秀峰,陈光华,杨国梁. 基于 DEA 模型的产学研合作研发效率研究:以不同所有制企业主导的产学研合作研发项目为例 [J]. 研究与发展管理,2016 (5):82—90.

[130] 章志光. 社会心理学 [M]. 北京:人民教育出版社,2008.

[131] 祝小宁,康健,刘宇. 地方政府组织文化、领导行为与公务员

工作态度的关系研究 [J]. 四川大学学报（哲学社会科学版），2017（2）：124—133.

[132] 曾明，秦璐. 工作满意度研究综述 [J]. 河南教育学院学报（哲学社会科学版），2003，22（1）：101—104.

[133] 赵国军. 薪酬设计与绩效考核全案（第三版）[M]. 北京：化学工业出版社，2020.

[134] 周三多. 管理学 [M]. 北京：高等教育出版社，2012.

[135] 钟宁桦. 公司治理与员工福利：来自中国非上市企业的证据 [J]. 经济研究，2013（12）：137—151.